箱根

MAP

付録 街歩き地図

箱根

箱根全図
はこねぜんず
周辺図 本書 P.2-3

0   0.5   1km
1:70,000

N

仙石原 P.4-5
大涌谷 P.6-7
箱根旧街道 P.14-15
芦ノ湖周辺 P.12-13

富士八景の湯
金時山
南箱道路
金時トンネル
乙女峠
乙女トンネル
公時神社
矢倉沢峠
明神ヶ
御殿場市
丸岳
仙石
ゴルフコース
仙石原
火打石岳
P.71 箱根湿生花園 ★
仙石原温泉
★ 仙石原のススキ草原
碓氷峠
碓氷洞門
ベルビュー長尾GC
長尾峠
大箱根CC
P.28/P.70 P.90 ポーラ美術館 ★
小塚山
台ヶ岳
P.67 箱根登山ケーブルカー ★
強羅駅
P.59 箱根
スカイライン ★
箱根CC
箱根町
大涌谷駅
早雲山駅
上強羅駅
公園上駅
公園下駅
中強羅駅
仙石原高原 P.68 箱根ロープウェイ ★
P.29/P.64
★ 大涌谷
P.88 彫刻の森美術館 ★
箱根湖畔ゴルフコース
姥子駅
姥子温泉
大涌谷温泉
早雲地獄
早雲山
★ 箱根小涌園
ユネッサン
P.46
P.59 箱根芦ノ湖
展望公園 ★
桃源台駅
冠ヶ岳
神山
箱根町
丸山
湖尻峠
深良水門
神奈川県
都嶋ノ鼻
湯ノ花沢温泉
駒ヶ岳
箱根湯の花ゴ
芦之湯
静岡県
駒ヶ岳頂上駅
はこにわ／箱根ドールハウス
美術館 ★
P.95
P.62
三国峠
三国山
P.55 箱根 駒ヶ岳ロープウェー ★
元箱根石仏群
飛龍の滝
上二子山
P.59 芦ノ湖スカイライン ★
箱根園駅
御状石
下二子
裾野市
P.25/P.54 箱根園 ★
★ 芦ノ湖 P.29/P.50
箱根園ゴルフ場
お玉ヶ池
杓子峠
山伏峠
P.56/P.79 箱根神社 ★
箱根神社宝物殿
箱
根
旧
街
道
百貫ノ鼻
簑ヶ鼻
賽ノ河原
P.63 恩賜箱根公園／
湖畔展望館 ★
屏風山
P.63 箱根やすらぎの森 ★
畑引山
箱根関所 P.60/P.62 ★
芦ノ湖温泉
P.58
白浜
三ツ石
アネスト岩田スカイラウンジ ★
三島市
海ノ平
道の駅 箱根峠 P.58
箱根峠
大観山

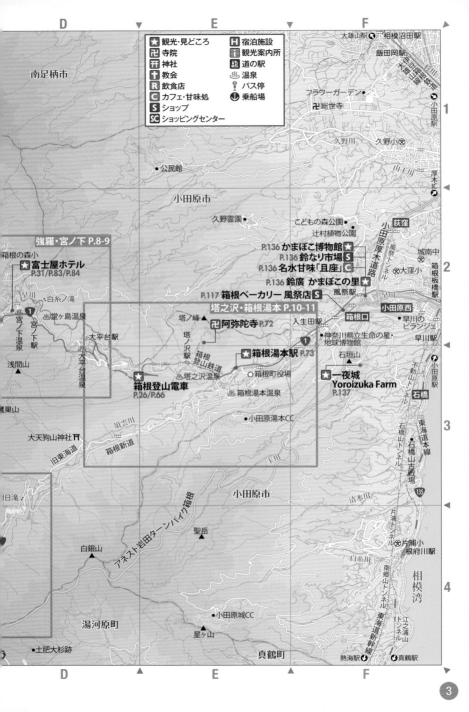

P.127
グリーンヒルズ草庵 🅗

大黒山妙優寺 卍

乙女口 箱根路乙女の森
小さな美術館

乙女峠

乙女トンネル

南箱道路

公時神社

金時神社入口

やまぼうし

仙石原

🅗 金時山荘

太郎平
セブンイレブン 🆂

金時登山口

🅗 サンテラス箱根

ゴルフ場

仙石ゴルフコース

仙石案内所

箱根ラリック
美術館

P.97 ミュージアムショップ 🆂
P.91 箱根 エモア・テラス 🆁
P.91 箱根ラリック美術館 ★

大原

東急ハーヴェストクラブ 箱根甲子園 🅗 🅗

箱根翡翠

湿生花園前

星槎大

長尾峠
露頭

ポイントバケーション箱根 🅗

界 仙石原 🅗
P.36

P.71 箱根湿生花園 ★

金乃竹 仙石原 🅗
P.35

箱根仙石原湿原植物群落

大箱根CC

早川

🅗 箱根仙石原
プリンス

P.28/P.70
★ 仙石原のススキ草原

仙石高原 高原

料亭旅館
いちい亭 🅗

グランリヴィエール 🅒
箱根 仙石原本店
P.119/P.120

P.6

4

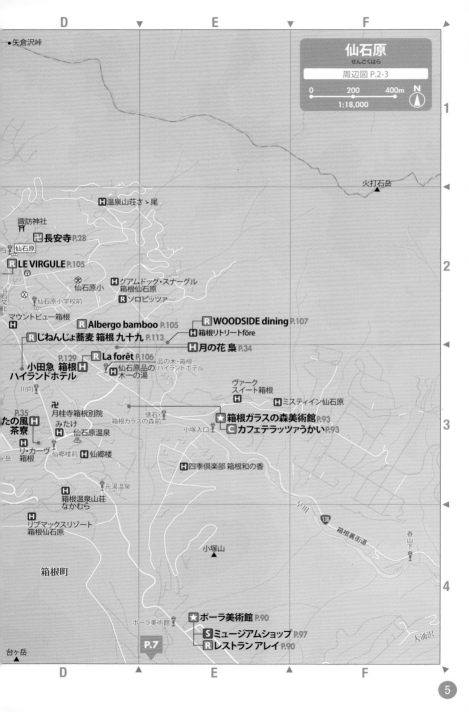

矢倉沢峠

火打石岳

H 温泉山荘さゝ尾

諏訪神社
卍 長安寺 P.28
仙石原

R LE VIRGULE P.105

山仙文

⊗ 仙石原小
H グアムドッグ・スナーグル
　箱根仙石原
仙石原小学校前
R ソロピッツァ

マウントビュー箱根
H

R Albergo bamboo P.105
R WOODSIDE dining P.107
H 箱根リトリートföre

R じねんじょ蕎麦 箱根 九十九 P.113
H 月の花 梟 P.34
R La forêt P.106 P.129
品の木・箱根
ハイランドホテル
小田急 箱根 H
ハイランドホテル
H 仙石原品の
木一の湯

川向

ヴァーク
スイート箱根
H
H ミスティイン仙石原

卍 月桂寺箱根別院
みたけ
俵石・
箱根ガラスの森前
★ 箱根ガラスの森美術館 P.93
P.35
たの風 H
茶寮
仙石原温泉
♨
小塚入口
C カフェテラッツァうかい P.93
H
リ・カーヴ
箱根
仙郷楼前 H 仙郷楼

H 四季倶楽部 箱根和の香

♨ 元湯温泉

H
箱根温泉山荘
なかむら

H
リブマックスリゾート
箱根仙石原

小塚山
▲

箱根裏街道 138
春山下

箱根町

P.7

ポーラ美術館
★ ポーラ美術館 P.90
S ミュージアムショップ P.97
R レストラン アレイ P.90

台ヶ岳
▲

大涌沢

5

大涌谷
おおわくだに

周辺図 P.2-3

0　200　400m
1:18,000
N

P.4

箱根CC

仙石原

東京放送入口

H ファミリーロッジ旅籠屋
箱根仙石原店

南仙石原

箱根カントリー入口

H ひめしゃら

姥子温泉入口

箱根 星のあかり H

H 長寿湯

温泉荘

H 箱根六花荘

箱根フォンテーヌ・ブロー仙石亭 H
P.127

ハレスホテル箱根前

P.33
箱根湯宿 然 -ZEN-
H

仙石原高原

P.131 ホテルグリーンプラザ箱根

箱根湖畔ゴルフコース

姥子駅

姥子温泉

姥子中

南温泉荘前

H ホテル花月園

元箱根

仙石原温泉
ホテル箱根パウエル H

星槎レイクアリーナ箱根

箱根ロープウェイ

公園管理
事務所前

ダイヤモンド
ドギーズパーク箱根
H

姥子の湯

H 箱根高原ホテル

白百合台 ● 箱根ビジターセンター

湖尻台下

湖尻台

キャンプ場

H 箱根レイクホテル

大石

大石上

箱根レイクホテル前

湖尻

♨ 湖尻温泉

H リブマックスリゾート箱根芦ノ湖

姥子温泉
芦ノ湖一の湯

湖尻上

H ザ・グラン・リゾート箱根

大石下

桃源台駅

桃源台

P.50 箱根海賊船（桃源台港）⚓

箱根・芦ノ湖
はなをり

H 山越旅館

H オーベルジュ オー・ミラドー P.126

湖尻三叉路

箱根・芦ノ湖
はなをり前

H ホテルジャパン箱根

湖尻

P.51 箱根 芦ノ湖遊覧船（湖尻港）⚓
※2023年10月現在、閉鎖中

元箱根

芦ノ湖 ★
P.29/P.50

P.12

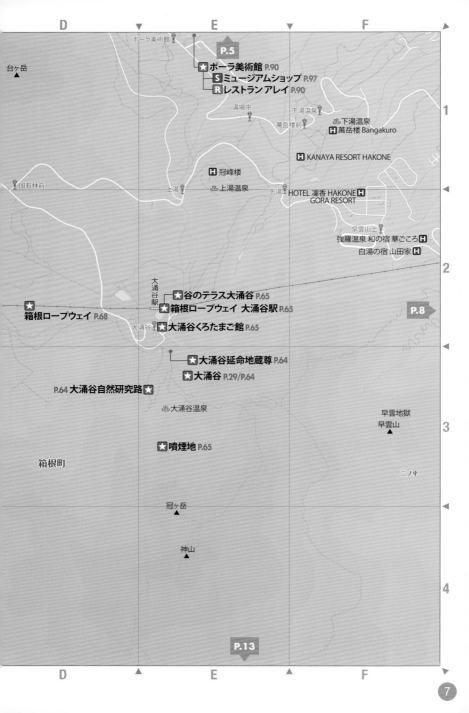

台ヶ岳 ▲

ポーラ美術館

P.5

★ポーラ美術館 P.90
S ミュージアムショップ P.97
R レストラン アレイ P.90

湯場中

下湯温泉

♨下湯温泉
H 萬岳楼 Bangakuro

萬岳楼前

H KANAYA RESORT HAKONE

国有林前

★冠峰楼

上湯 ♨上湯温泉

下湯 HOTEL 凜香 HAKONE H
GORA RESORT

1

◀

早雲山上
強羅温泉 和の宿 華ごころ H
白湯の宿 山田家 H

2

大涌谷駅

★谷のテラス大涌谷 P.65
★箱根ロープウェイ 大涌谷駅 P.65

★
箱根ロープウェイ P.68

P.8 ▶

大涌谷

★大涌谷くろたまご館 P.65

◀

★大涌谷延命地蔵尊 P.64
★大涌谷 P.29/P.64

P.64 大涌谷自然研究路 ★

♨大涌谷温泉

早雲地獄
早雲山 ▲

3

★噴煙地 P.65

箱根町

二ノ平

冠ヶ岳 ▲

◀

神山 ▲

4

P.13

🅒 NOMU hakone P.23

ニコライ・バーグマン 箱根ガーデンズ

こもれび坂

P.130 ふふ 箱根 🅗

P.132 箱根本箱 🅗

東急バケーションズ箱根強羅 🅗

ハイアット リージェンシー 箱根 リゾート＆スパ 🅗

P.129 強羅花扇 円かの杜 🅗

強羅にごりの湯宿 のうのう箱根 🅗

和の宿 華ごころ 🅗

白湯の宿 山田家 早雲山駅 入口

★ 箱根ロープウェイ P.68

強羅花扇 🅗 早雲山駅

🅗 早雲閣

大雄山箱根別院報恩院

卍

P.7

早雲地獄

▲早雲山

P.115 自然薯農家レストラン 山薬 宮城野本店 🅡

宮城野

P.93 🅒 カフェ「アーチェロ」

★ 箱根マイセン アンティーク美術館 P.93

フォレストリゾート 箱根森のせせらぎ 🅗

🅗 強羅風の音

ホテルマロウド箱根 🅗

🅗 ラフォーレ倶楽部 箱根温泉 湯の棲

🅗 箱根強羅旅館 香音-Kanon-

P.67 箱根登山 ケーブルカー ★

ホテルリソーピア 箱根 🅗 中強羅駅

上強羅入口

🅗 箱根強羅 深山

早雲山温泉 🅗 強羅茶寮

中強羅 入口

みどりの村入口

B&Bパンシオン箱根 🅗

箱根 弓庵 🅗

ヴェルデの森

P.112 蕎麦 貴賓館 🅡

DOG REST PLACE 🅗

ユネッサンイン

P.46 箱根小涌園ユネッサン ★

P.46 焼肉 然

P.46 寿司としゃぶしゃぶ くましろ 🅡

P.46 ミーオモール 🆂

P.47 箱根小涌園 天悠 🅗

P.125 箱根小涌園 三河屋旅館 🅗

宮城野 宮城野温泉

宮城野案内所前 宮城野

P.25 ★ 宮城野早川堤

卍 宝珠院

🅗 ホテルインディゴ 箱根強羅

🅒 COFFEE CAMP P.23

函嶺白百合学園高・中・小

強羅駅

公園下駅

強羅駅

公園上駅

🅗 箱根・強羅 佳ら久

箱根美術館 強羅温泉

★ 箱根強羅公園 P.27/P.48

強羅 P.16上図

箱根ゆとわ前

木賀の里

木賀坂下

138

彫刻の森駅

木賀温泉

P.112 そば処 奈可むら 🅡

箱根中

二ノ平温泉

彫刻の森美術館

P.88 彫刻の森美術館 ★

P.97 ショッピングモール 🆂

P.89 彫刻の森ダイニング 🅡

P.89 The Hakone Open-Air Museum Café 🅒

RESTAURANT ROI 🅡 P.114

🅗 TJK箱根の

二ノ平

二ノ平入口 小涌谷温泉

🕇 山王神社 🅗 箱根・翠松園 P.126

小涌谷駅

小涌園前

小涌園

P.22 🅗 箱根ホテル小涌園

🅗 箱根小涌谷温泉 水の P.123

★ 岡田美術館 P.92

P.92 開化亭 🅡

蓬莱園

🅗 源泉の宿 千條旅館

★ 千条の滝 P.47

❶

モリトソラ箱根 🅗 P.22

上鷹ノ巣

箱根湯の花ゴルフ場

猿の茶屋

小涌谷

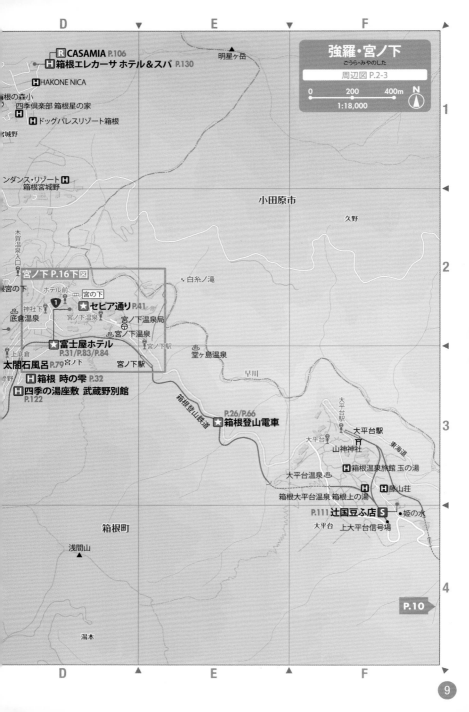

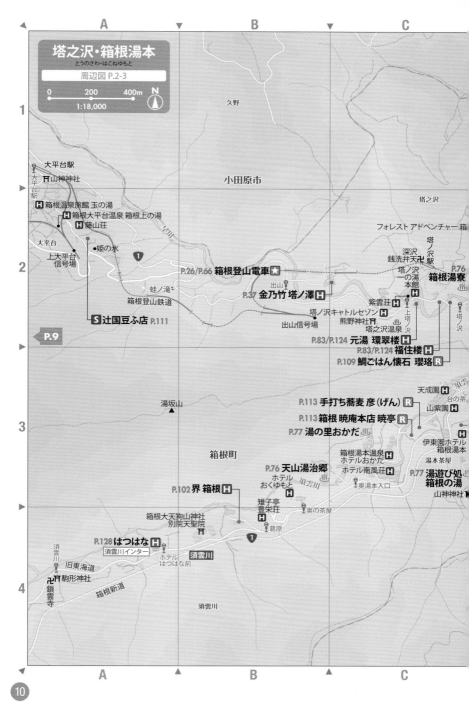

塔之沢・箱根湯本

とうのさわ・はこねゆもと

周辺図 P.2-3

0　200　400m
1:18,000
N

1

久野

大平台駅
山神神社
大平台駅

小田原市

塔之沢

H 箱根温泉旅館 玉の湯
H 箱根大平台温泉 箱根上の湯
H 藤山荘

フォレスト アドベンチャー 箱

大平台

姫の水

上大平台
信号場

1

深沢
銭洗弁天卍

塔ノ沢駅

P.76

塔ノ沢
一の湯
本館

H 箱根湯寮

2

P.26/P.66 箱根登山電車 ★

出山

P.37 金乃竹 塔ノ澤 H

紫雲荘 H

箱根登山鉄道

蛙ノ滝

塔ノ沢キャトルセゾン H
熊野神社卍

上塔ノ沢

H

塔ノ沢

S 辻国豆ふ店 P.111

出山信号場

塔之沢温泉

P.83/P.124 元湯 環翠楼 H

P.9

P.83/P.124 福住楼 H

P.109 鯛ごはん懐石 瓔珞 R

天成園 H

湯坂山 ▲

P.113 手打ち蕎麦 彦（げん）R

台の茶
山紫園 H

3

P.113 箱根 暁庵本店 暁亭 R

P.77 湯の里おかだ ♨

伊東園ホテル
箱根湯本

箱根町

箱根湯本温泉
ホテルおかだ H

湯本茶屋

P.76 天山湯治郷 ♨

P.102 界 箱根 H

ホテル
おくゆもと

ホテル南風荘 H

P.77 湯遊び処
箱根の湯

雉子亭
豊栄荘

須雲川

奥湯本入口

山神神社

奥の茶屋

箱根大天狗山神社
別院天聖院 卍

1

P.128 はつはな H

葛原

須雲川インター

ホテル
はつはな前

須雲川

須雲川

旧東海道

4

駒形神社
卍

鎖雲寺

箱根新道

須雲川

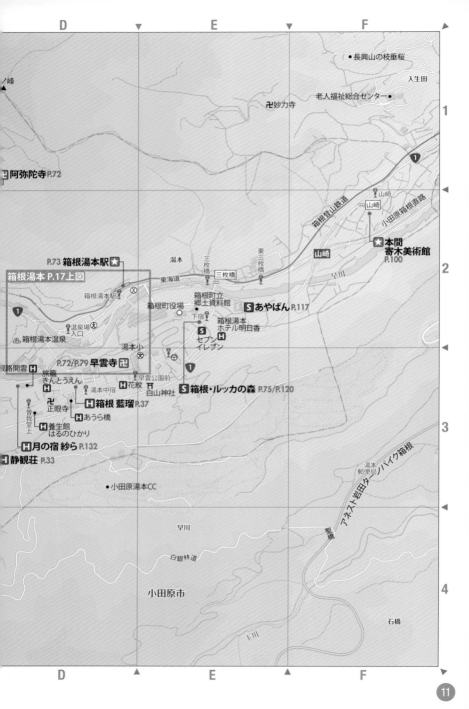

1

• 長興山の枝垂桜

入生田

老人福祉総合センター•

卍妙力寺

卍阿弥陀寺 P.72

ノ峰▲

箱根登山鉄道

山崎

山崎

小田原箱根直路

★本間
寄木美術館
P.100

山崎

2

P.73 箱根湯本駅 ★

湯本

三枚橋

三枚橋

東三枚橋

箱根湯本 P.17上図

箱根湯本駅 ⊗

東海道

早川

箱根町役場

箱根町立
郷土資料館

❶

温泉場
入口

下宿

箱根湯本
ホテル明日香

Ⓢ あやばん P.117

箱根湯本温泉

湯本小

Ⓢ
セブン
イレブン

線路開雲

早雲寺 卍

P.72/P.79

旅籠
きんとうえん Ⓗ

早雲公園前

❶

花紋

Ⓢ 箱根・ルッカの森 P.75/P.120

卍正眼寺

湯本中宿

白山神社

Ⓗ 箱根 藍瑠 P.37

曽我堂上

Ⓗ あうら橋

Ⓗ養生館
はるのひかり

3

Ⓗ 月の宿 紗ら P.132

静観荘 P.33

• 小田原湯本CC

湯本
郵便局

アネスト岩田ターンパイク箱根

早川

白銀林道

聖橋

4

小田原市

玉川

石橋

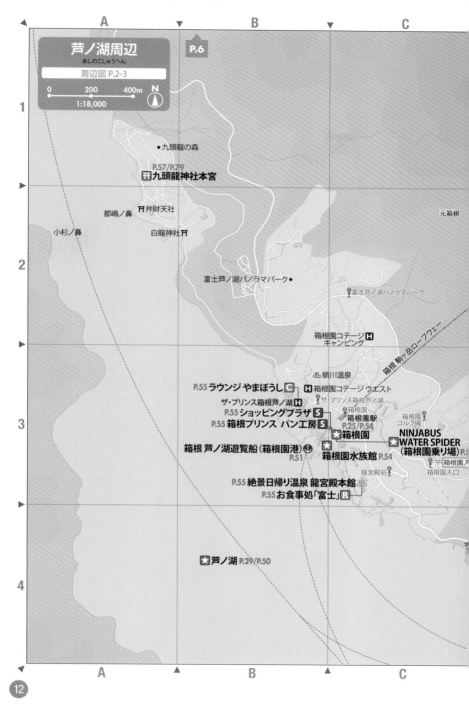

芦ノ湖周辺
あしのこしゅうへん

周辺図 P.2-3

0　　200　　400m
1:18,000

N

•九頭龍の森

P.57/P.79
九頭龍神社本宮

都嶋ノ鼻　　弁財天社

小杉ノ鼻

白龍神社

元箱根

富士芦ノ湖パノラマパーク•

富士芦ノ湖パノラマパーク

箱根 駒ヶ岳ロープウェー

箱根園コテージ
キャンピング

蛸川温泉

箱根園コテージ ウエスト

P.55 **ラウンジ やまぼうし**

ザ・プリンス箱根芦ノ湖　　ザ・プリンス箱根芦ノ湖

P.55 **ショッピングプラザ**　　箱根園

P.55 **箱根プリンス パン工房**　箱根園駅
　　　　　　　　　　　　　　P.25/P.54

箱根園

箱根 芦ノ湖遊覧船（箱根園港）

箱根園
ゴルフ場

**NINJABUS
WATER SPIDER**
（箱根園乗り場）P.

P.51

箱根園水族館 P.54

箱根園

箱根園入口

龍宮殿前

P.55 **絶景日帰り温泉 龍宮殿本館**

P.55 **お食事処「富士」**

芦ノ湖 P.29/P.50

P.7

湯ノ花神社⛩

湯ノ花沢温泉♨

●箱根湯の花
ゴルフ場

箱根元宮⛩ P.79

H 湯の花プリンス

駒ヶ岳 ▲

箱根湯の花
プリンスホテル

駒ヶ岳頂上駅

芦之湯

箱根町

⭐箱根 駒ヶ岳ロープウェー
P.55

曽我兄弟の墓🪦 ●曽我兄弟の墓

多田満仲の墓● ●元箱根石仏群

精進池⭐
P.29

●六道地蔵
🪦六道地蔵

石仏群と歴史館●

箱根園ゴルフ場 ●

❶

●御状石

双子茶屋 P.14

HAKONE KURANJU 蔵樹 H

トスラブ箱根ビオーレ H

呼び声 H

箱根レイクヴィラ H ●トスラブ箱根
和奏林

カーロ・フォレスタ
元箱根ルチア

H
ホテルラクーン

R つつじの茶屋 P.109
R ヴェル・ボワ P.104

万巻上人奥津城●

神社上●

芦ノ湖一望の宿
箱根エレガンス

お玉ヶ池

和心亭豊月 H

畑宿入口

お玉ヶ池

P.24/P.128
H 小田急 山のホテル

大芝 大芝●

箱根小田急
山のホテル●

⛩ 箱根神社 P.56/P.79

箱根神社宝物殿●

S 権現からめもち P.57

旧街道口

旧街道口

⭐玉村豊男ライフアートミュージアム P.95

R La Terrazza 芦ノ湖 P.52

芦ノ湖テラス

箱根旧街道

⭐ケンペル・バーニーの碑 P.81

.53 プレミアムショップ＆ C P.14
ナロン・ド・テ ロザージュ

⛩箱根神社

P.51
箱根 芦ノ湖遊覧船 🚢
（元箱根港）

元箱根

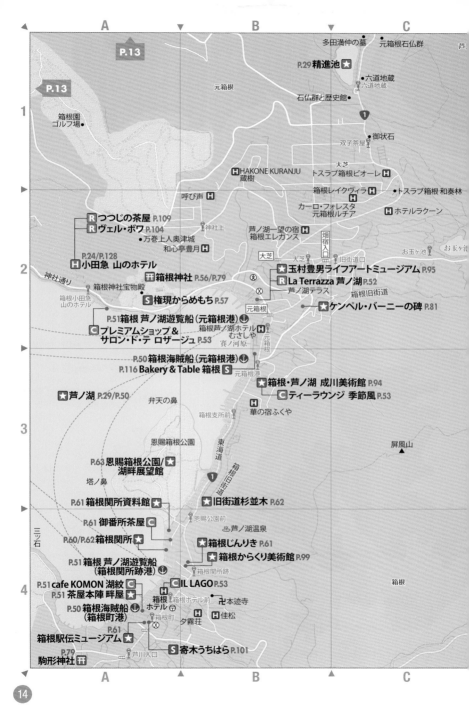

A　　　　　　　　　　　B　　　　　　　　　　　C

多田満仲の墓
元箱根石仏群

P.29 **精進池** ★

六道地蔵
石仏群と歴史館

箱根園
ゴルフ場・

元箱根

御状石
双子茶屋

1

大芝

H HAKONE KURANJU
蔵樹

トスラブ箱根ビオーレ H

呼び声 H

箱根レイクヴィラ H

・トスラブ箱根 和奏林

カーロ・フォレスタ
元箱根ルチア

H ホテルラクーン

R **つつじの茶屋** P.109
R **ヴェル・ボワ** P.104

神社上

芦ノ湖一望の宿
箱根エレガンス

畑宿入口

お玉ヶ池

お玉ヶ池

旧街道口

2

P.24/P.128
H **小田急 山のホテル**

万巻上人奥津城
和心亭豊月 H

大芝

★ **玉村豊男ライフアートミュージアム** P.95
R **La Terrazza 芦ノ湖** P.52

神社通り

神社上

田 **箱根神社** P.56/P.79

芦ノ湖テラス

箱根神社宝物殿

箱根小田急
山のホテル

S **権現からめもち** P.57

箱根旧街道

★ **ケンペル・バーニーの碑** P.81

P.51 **箱根 芦ノ湖遊覧船（元箱根港）**

元箱根

C **プレミアムショップ＆**
サロン・ド・テ ロザージュ P.53

箱根芦ノ湖ホテル H
むさしや

賽ノ河原

P.50 **箱根海賊船（元箱根港）**
P.116 **Bakery & Table 箱根** S

元箱根港

★ **箱根・芦ノ湖 成川美術館** P.94

★ **芦ノ湖** P.29/P.50

弁天の鼻

C **ティーラウンジ 季節風** P.53

箱根支所前

H
華の宿ふくや

恩賜箱根公園

東海道

屏風山

3

箱根旧街道

P.63 **恩賜箱根公園/**
湖畔展望館 ★

塔ノ鼻

1

★ **旧街道杉並木** P.62

P.61 **箱根関所資料館** ★

恩賜公園前

ツ石

P.61 **御番所茶屋** C

芦ノ湖温泉

P.60/P.62 **箱根関所** ★

★ **箱根じんりき** P.61

★ **箱根からくり美術館** P.99

P.51 **箱根 芦ノ湖遊覧船**
（箱根関所跡港）

箱根関所跡

箱根

4

P.51 **cafe KOMON 湖紋** C
P.51 **茶屋本陣 畔屋** ★

C **IL LAGO** P.53

箱根
ホテル

箱根ホテル前

卍本迹寺

P.50 **箱根海賊船**
（箱根町港）

夕霧荘

H 佳松

箱根駅伝ミュージアム ★

芦川入口

S **寄木うちはら** P.101

P.79
駒形神社 田

A　　　　　　　　　　　B　　　　　　　　　　　C

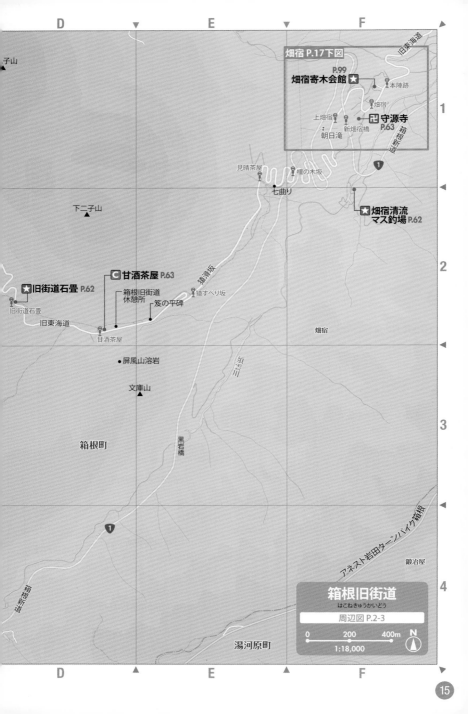

畑宿 P.17下図

P.99
畑宿寄木会館 ★ — 本陣跡

畑宿

上畑宿 — 守源寺 P.63

新畑宿橋

朝日滝

箱根新道

旧東海道

見晴茶屋

樫の木坂

七曲り

★ 畑宿清流
マス釣場 P.62

下二子山 ▲

子山 ▲

★ 旧街道石畳 P.62

C 甘酒茶屋 P.63

旧街道石畳

箱根旧街道
休憩所

猿滑坂

笈の平碑

猿すべり坂

旧東海道

甘酒茶屋

畑宿

● 屏風山溶岩

文庫山 ▲

須雲川

箱根町

黒岩橋

アネスト岩田ターンパイク箱根

鍛冶屋

箱根新道

湯河原町

箱根旧街道
はこねきゅうかいどう
周辺図 P.2-3

0 200 400m
1:18,000
N

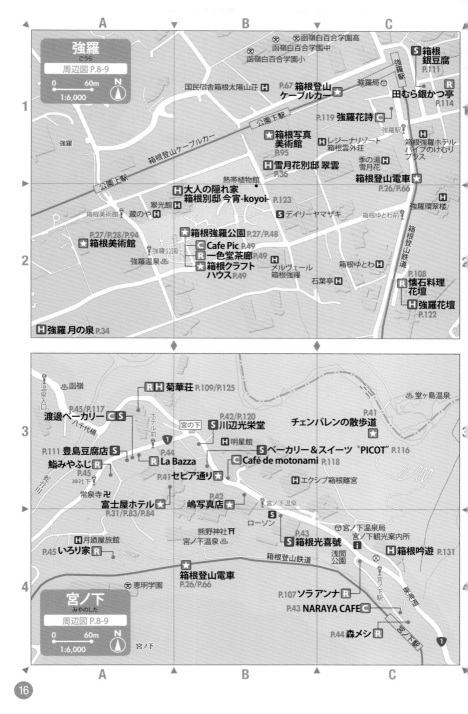

強羅

ごうら

周辺図 P.8-9

0　60m
1:6,000
N

⊗函嶺白百合学園高
⊗函嶺白百合学園中
⊗函嶺白百合学園小

S 箱根銀豆腐 P.111

強羅駅

強羅局

国民宿舎箱根太陽山荘 **H**

H 箱根登山ケーブルカー P.67 ★

R 田むら銀かつ亭 P.114

公園下駅

箱根登山ケーブルカー

P.119 強羅花詩 **C**

強羅駅

★ 箱根写真美術館 P.95

R レジーナリゾート箱根雲外荘

H 箱根強羅ホテルパイプのけむりプラス

公園上駅

H 雪月花別邸 翠雲 P.36

熱帯植物館 ●

箱根写真美術館

★ 箱根登山電車 P.26/P.66

強羅

H 大人の隠れ家
箱根別邸 今宵-koyoi- P.123

H 強羅環翠楼

蔵のや **H**

翠光館

S デイリーヤマザキ

箱根ゆとわ前

箱根美術館 **i**

★ 箱根強羅公園 P.27/P.48

★ 箱根美術館 P.27/P.28/P.94

C Cafe Pic P.49

強羅公園

R 一色堂茶廊 P.49

箱根登山鉄道

強羅温泉 ♨

★ 箱根クラフトハウス P.49

メルヴェール箱根強羅

箱根ゆとわ **H**

石葉亭 **H**

R 懐石料理花壇 P.108

H 強羅花壇 P.122

H 強羅 月の泉 P.34

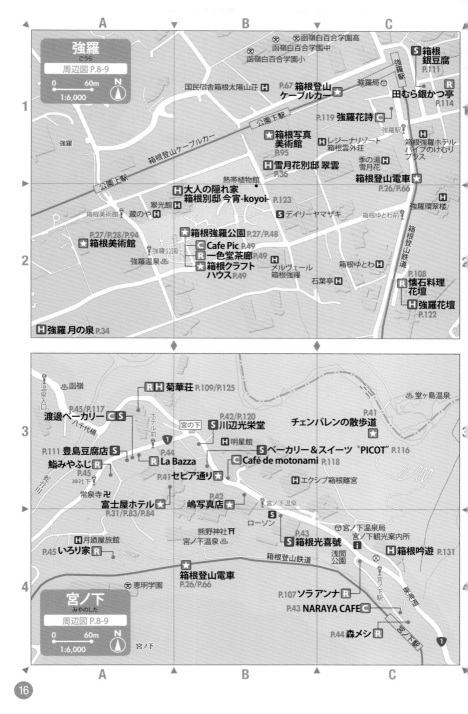

宮ノ下

みやのした

周辺図 P.8-9

0　60m
1:6,000
N

♨ 函嶺

♨ 温泉入口

♨ 堂ヶ島温泉

R **H** 菊華荘 P.109/P.125

P.45/P.117
渡邊ベーカリー **C** **S**

八千代橋

ホテル前

宮の下

S 川辺光栄堂 P.42/P.120

P.41
チェンバレンの散歩道

P.111 豊島豆腐店 **S**

H 明星館

S ベーカリー＆スイーツ "PICOT" P.116

鮨みやふじ **R**
P.45

神社下

P.44
R La Bazza

C Café de motonami P.118

P.41 セピア通り

H エクシブ箱根離宮

常泉寺 卍

富士屋ホテル ★ P.31/P.83/P.84

P.42
嶋写真店 ★

宮ノ下温泉 ♨

熊野神社 卍

宮ノ下温泉 ♨

S

宮ノ下温泉局

H 月廼家旅館

ローソン

P.43
S 箱根光喜號

宮ノ下観光案内所 **i**

H 箱根吟遊 P.131

P.45 いろり家 **R**

箱根登山鉄道

浅間公園

宮ノ下駅

⊗ 恵明学園

★ 箱根登山電車 P.26/P.66

P.107 ソラアンナ **R**

P.43 NARAYA CAFE **C**

東海道

宮ノ下

P.44 森メシ **R**

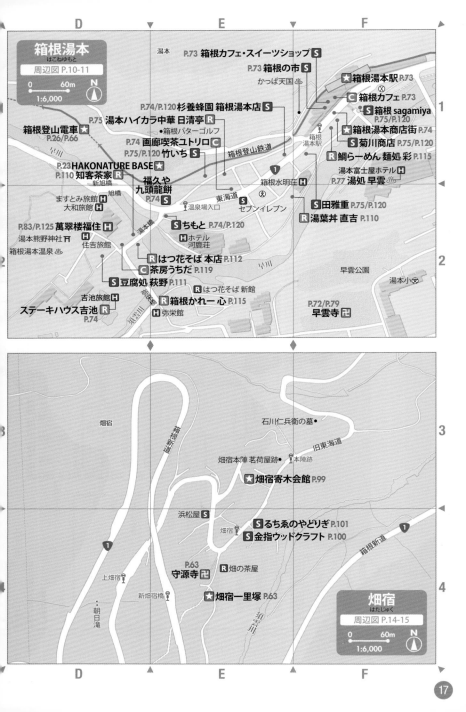

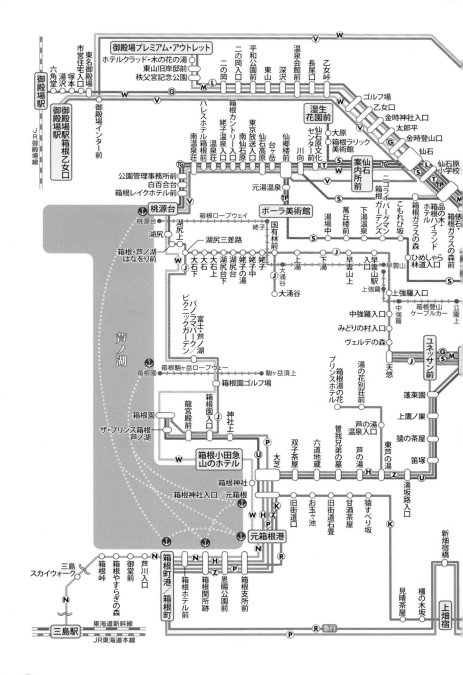

御殿場プレミアム・アウトレット
ホテルクラッド・木の花の森
東山旧岸邸前
秩父宮記念公園

箱根湯本駅前バス乗り場

乗り場	箱根登山バス	伊豆箱根バス
❶		J Z U
❷	Ⓗ Ⓡ	
❸	Ⓣ Ⓟ Ⓛ	
❹	Ⓚ	
❺	Ⓗ Ⓣ ※小田原駅行き	J Z U ※小田原駅行き
定期	定期観光バス	
送迎	湯本旅館送迎バス	

箱根湯本駅

箱根 鉄道・バス路線図

箱根登山バス
- Ⓣ 桃源台線
- Ⓣ Ⓟ 桃源台線（ポーラ美術館行）
- Ⓣ Ⓖ 桃源台・強羅線
- Ⓗ 箱根町線
- Ⓛ 箱根湯本-アウトレット線
- Ⓖ 御殿場線
- Ⓢ 観光施設めぐりバス（ポーラ美術館経由）
- Ⓜ 観光施設めぐりバス（宮城野経由）
- Ⓚ 箱根旧街道線
- Ⓡ 急行 箱根新道線

伊豆箱根バス
- Ⓙ 湖尻・箱根園線
- Ⓩ 箱根・関所線
- Ⓤ 国道・箱根園線
- Ⓟ バイパス線

小田急ハイウェイバス
- Ⓦ 新宿・箱根線
- Ⓥ 羽田線

東海バス
- Ⓝ 三島線

箱根フリーパスが使える路線
箱根登山電車／箱根登山ケーブルカー
箱根ロープウェイ／箱根海賊船
箱根登山バス（指定区間）
小田急ハイウェイバス（指定区間）
東海バス（指定区間）
観光施設めぐりバス（箱根登山バス）

箱根旅助けが使える路線
伊豆箱根バス（指定区間）／箱根十国峠
ケーブルカー／箱根 駒ヶ岳ロープウェイ
または箱根 芦ノ湖遊覧船／箱根園水
族館（1回）
詳細は ➡本書 P.141

とりはずして使える

MAP

付録 街歩き地図
箱根

おとな旅
プレミアム
PREMIUM

JN026857

切り取り線

TAC出版
TAC PUBLISHING Group

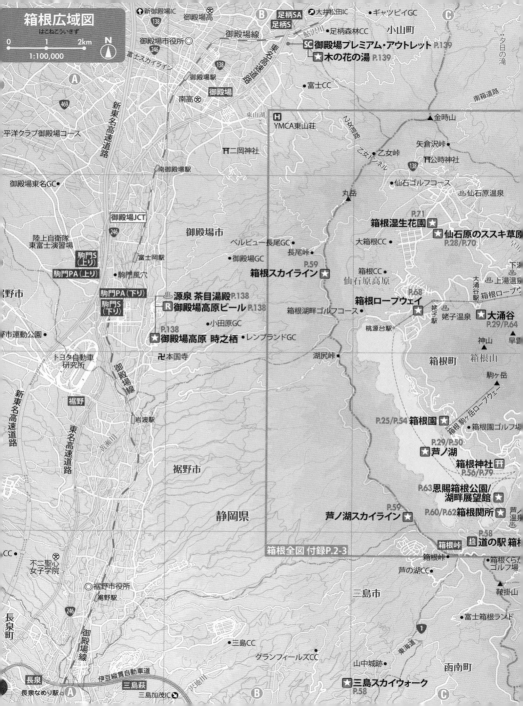

大井町　新松田駅　F

ふれあいの村　小田急小田原線

足柄森林公園丸太の森　柏山駅　報徳橋　小田原急行鉄道（大雄山線）

南足柄市　最乗寺　長泉院　塚原駅　岩原駅　富水駅　二宮尊徳記念館　上府中公園　下曽我駅
道了尊　富士道橋　小田原厚木道路

明神ヶ岳　相模沼田駅　飯田岡駅　小田原アリーナ

神奈川県　フラワーガーデン　穴部駅　蛍田駅　小田原PA　小田原東

P.67　久野川　五百羅漢駅　勝福寺　東海道新幹線
箱根登山ケーブルカー　井細田駅　小田原大橋　東海道本線

P.31/P.83/P.84　小田原市　こどもの森公園　小田原市役所　緑町駅　P.135　酒匂
富士屋ホテル　久野霊園　辻村植物園　荻窪　ちん里う本店　西湘大橋
明星ヶ岳　271

P.26/P.66　風祭駅　小田原 籠清 本店 P.135
箱根登山電車　堂ヶ島温泉　箱根板橋駅　早川　ういろう P.135
強羅温泉　宮ノ下駅　大平台駅　箱根口　小田原西　小田原城址公園 P.134
彫刻の森駅　小涌谷駅　塔ノ沢駅　箱根登山鉄道　神奈川県立生命の星・　小田原城 P.134
138　地球博物館　小田原漁港
大平台温泉　玉簾ノ滝　箱根湯本駅　人生田駅　小田原早川漁村 P.137
彫刻の森美術館 P.88　蛙ノ滝　箱根湯本温泉　石垣山一夜城
箱根小涌園　根府川駅　歴史公園
根湯の花　ユネッサン P.46　○箱根町役場　小田原湯本CC　早川口　石橋
ルフ場
芦之湯温泉　旧東海道　小田原市

箱根石仏群　箱根新道　ヒルトン小田原
子山　リゾート＆スパ
千ヶ池　アネスト岩田ターンパイク箱根　135
白銀山　白糸川　根府川駅
1

大観山　小田原城CC
富士見峠
白雲の滝　採草原野　相模湾

河原パークウェイ　湯河原町　自鑑水
蛇熊ノ滝　幕山　新崎川　湯河原CC　真鶴町　岩大橋
奥湯河原温泉　湯河原温泉　真鶴町　135
山翠楼　城山　真鶴道路　貴船神社
木村美術館　真鶴駅　真鶴町役場
海市　湯河原温泉　熱海駅　湯河原　135
D　町役場　E　F

あなただけの
プレミアムな
おとな旅へ！
ようこそ！

箱根外輪山と芦ノ湖と富士山
箱根ものがたりの大舞台

HAKONE
箱根への旅

景観多彩の懐深いリゾート
セレブなおとなの隠れ家へ

明治時代に入ると外国人客を
メインに受け入れる富士屋ホ
テルが創業。小田原から塔之
沢へ、さらに宮ノ下へと道路が
整備されると、温泉リゾートと
しての歴史が急展開する。温
泉宿が次々と開業しハイレベ
ルなホスピタリティを提供す
る今日の温泉リゾートの礎は
この頃に築かれたといえよう。
箱根外輪山と芦ノ湖が紡ぎ出
す絶景、大地から湧き出る温
泉、そうした自然の恵みが、癒
やしと感動を与えてくれる。

SIGHTSEEING

青空の下に
彫刻作品が点在
する、屋外展示の
美術館

彫刻の森美術館 ➡ P.88

SIGHTSEEING

古くから外国人
を受け入れてきた
箱根を代表する
老舗ホテル

富士屋ホテル ➡ P.31

芦ノ湖を覆う雲海の向こうに
華麗なる富士の姿

SIGHTSEEING

現在でも白い
噴煙を噴き出し、
硫黄のにおいが
立ち込める

大涌谷 ➡ P.64

自然と人間の共同作業で生まれる
箱根の絶景

夕日を浴びて黄金に輝く
仙石原のススキ草原

大涌谷くろたまご館 →P.65

SHOPPING

食べると7年寿
命が延びるとい
われる大涌谷名
物のくろたまご

箱根登山鉄道の沿線を彩る
アジサイの花

歴史を感じさせる
伝統ある建築

富士屋ホテルのメインダイニング
歴史を感じる素晴らしい室内装飾

GOURMET

食材にも
盛り付けにも
季節感が
感じられる

懐石料理 花壇 ➡ P.108

GOURMET

和カフェで
いただくシフォン
ケーキのやさし
い甘さが◎

茶房うちだ ➡ P.119

自然の緑を眺めながら
温泉に浸かる至福の時

CONTENTS

歩く・観る

アート·文化

● 本書中のデータは2023年9～10月現在のものです。料金、営業時間、休業日、メニューや商品の内容などが、諸事情により変更される場合がありますので、事前にご確認ください。

● 本書に紹介したショップ、レストランなどとの個人的なトラブルに関しましては、当社では一切の責任を負いかねますので、あらかじめご了承ください。

● 営業時間、開館時間は実際に利用できる時間を示しています。ラストオーダー(LO)や最終入館の時間が決められている場合は別途表示してあります。

● 休業日に関しては、基本的に定休日のみを記載しており、特に記載のない場合でも年末年始、ゴールデンウィーク、夏季、旧盆、保安点検日などに休業することがあります。

● 料金は消費税込みの料金を示していますが、変更する場合がありますのでご注意ください。また、入館料などについて特記のない場合は大人料金を示しています。

● レストランの予算は利用の際の目安の料金としてご利用ください。Bが朝食、Lがランチ、Dがディナーを示しています。

● 宿泊料金に関しては、「1泊2食付」「1泊朝食付」「素泊まり」は特記のない場合1室2名で宿泊したときの1名分の料金です。曜日や季節によって異なることがありますので、ご注意ください。

● 交通表記における所要時間、最寄り駅からの所要時間は目安としてご利用ください。

● 駐車場は当該施設の専用駐車場の有無を表示しています。

● 掲載写真は取材時のもので、料理、商品などのなかにはすでに取り扱っていない場合があります。

● 予約については「要予約」(必ず予約が必要)、「望ましい」(予約をしたほうがよい)、「可」(予約ができる)、「不可」(予約ができない)と表記していますが、曜日や時間帯によって異なる場合がありますので直接ご確認ください。

● 掲載している資料および史料は、許可なく複製することを禁じます。

■ データの見方

☎	電話番号	✆	アクセス
所	所在地	Ⓟ	駐車場
開	開館／開園／開門時間	in	チェックインの時間
営	営業時間	out	チェックアウトの時間
休	定休日	⛺	宿泊施設の客室数
料	料金		

■ 地図のマーク

★	観光・見どころ	H	宿泊施設
卍	寺院	i	観光案内所
⛩	神社	道	道の駅
†	教会	♨	温泉
🍴	飲食店	♂	バス停
C	カフェ・甘味処	⚓	乗船場
S	ショップ		
SC	ショッピングセンター		

エリアと観光のポイント
箱根はこんなところです

古くから旅人が行き来した箱根旧街道、温泉リゾート地として発展した箱根登山鉄道の沿線、ファミリーに人気の芦ノ湖畔エリアと、箱根は実に多彩な顔を持つ。

遊べる温泉施設でリラックス
小涌谷 ➡ P.46
こわくだに

観光の中心は大人から子どもまで一日中楽しめる温泉アミューズメント施設。

観光のポイント 箱根小涌園ユネッサンを満喫するのが◎

温泉リゾートが大集合
強羅 ➡ P.48
こうら

洗練された高級温泉宿が立ち並び、周辺には食事処も多い。箱根各地へのアクセスも便利。

観光のポイント 箱根強羅公園のローズガーデンも見逃せない

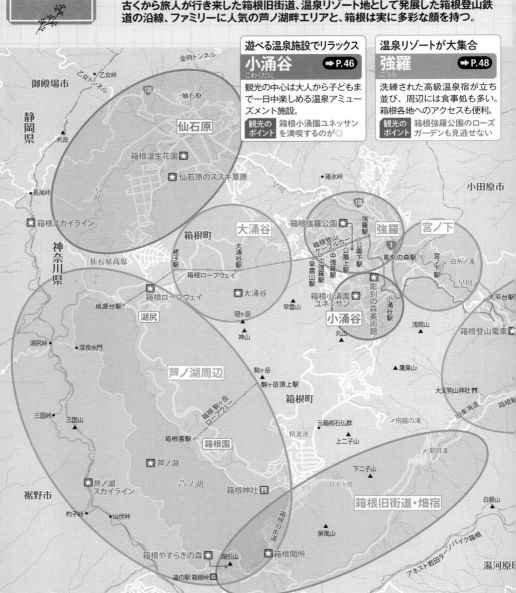

箱根山中腹の斜面に位置する温泉街

宮ノ下 ➡P.40
みやのした

箱根登山鉄道の沿線、山の斜面を上っていく途中の温泉街。レトロな商店街を歩いたり、緑の中を散策したり、ゆるやかな時間の流れに浸りたい。

⬆箱根湯本駅から箱根登山鉄道で約30分、宮ノ下駅がこのエリアの拠点

観光のポイント 温泉街散歩なら宮ノ下へ。歴史のあるレトロなショップやおしゃれなレストランを巡るのが楽しい

ススキの草原が広がる高原

仙石原 ➡P.70
せんごくはら

金時山の裾野に広がる自然豊かなエリア。秋には一面金色に染まるススキの名所として知られる。個性的で見どころたっぷりの美術館も点在する。

⬆黄金色の絨毯のようなススキ草原は圧巻

観光のポイント 美術館めぐりの合間には併設のカフェやレストランでひと休み

⬆大空と山々、野外彫刻が織りなす彫刻の森美術館の世界

塔ノ峰

小田原駅

箱根湯本駅

塔ノ沢駅

箱根町役場

箱根湯本・塔之沢

小田原市

⬆箱根ロープウェイに乗ると大涌谷一帯を上空から見下ろせる

いまだ噴き上がる噴煙に自然の力を実感

大涌谷 ➡P.64
おおわくだに

箱根火山のエリア内最大の噴気地帯。活発に噴出する蒸気(火山性ガス)が箱根火山に秘められたエネルギーを物語り、その驚異と雄大さを目の当たりにできる。

観光のポイント 一帯を散策しながら火山活動を見学。入山規制の最新の情報を要確認

⬆ガス濃度によっては立ち入り禁止の場所もある

美景と九頭龍伝説が残る神秘の湖

芦ノ湖周辺 ➡P.50
あしのこしゅうへん

箱根の大自然に囲まれた湖でクルーズが楽しめるほか、湖畔にはリゾート施設や、パワースポットとして名高い神社もある。絶景を巡るドライブもおすすめ。

観光のポイント 天気の良い日を狙い、湖畔のカフェで芦ノ湖の絶景を楽しみたい

⬆箱根芦ノ湖展望公園から芦ノ湖を見晴らす

江戸時代の「箱根越え」に思いを馳せる

箱根旧街道・畑宿 ➡P.60
はこねきゅうかいどう・はたじゅく

江戸時代に整備された石畳の道が今も残されており、往時の旅人気分が味わえる旧街道は人気のハイキングコース。完全復元された箱根関所も迫力がある。

観光のポイント 旧街道ウォーキングは無理のない行程で。周辺には休憩スポットも

⬆杉に覆われた並木道には凛とした空気が漂う

観光客で最も賑わう、箱根の玄関口

箱根湯本・塔之沢 ➡P.72
はこねゆもと・とうのさわ

箱根湯本駅の駅前通りには、みやげ探しや食べ歩きに最適な店が集中。この一帯は標高が高くないので、高地と行き来する際には気温の差を念頭に入れたい。

観光のポイント ショッピングやグルメを満喫したら、日帰り湯に立ち寄ってリフレッシュを

⬆バイキングと組み合わせたプランが人気の「湯処 早雲」をはじめ、日帰り入浴施設も充実

乗り物を楽しみながら
箱根を移動する

乗り物の種類が多いのが箱根の特徴。
移動手段としてだけでなく、乗ること自体を楽しみたい。

　箱根内の移動手段は多彩だ。山岳鉄道である箱根登山電車やケーブルカーが急坂を上り、ロープウェイが山の斜面を行き来する。芦ノ湖では何種類もの観光船が行き交っている。これらの乗り物は移動の手段ではあるが、乗ること自体がエンターテインメントでもある。

路線バスは2社が運行

　箱根全域を網羅しているのは路線バスだ。運行しているのは小田急系の箱根登山バスと、西武系の伊豆箱根バスの2社。ほぼ全域をカバーしているのが箱根登山バスで、箱根園にアクセスできるのは伊豆箱根バスのみ。箱根登山バスに乗れるのは「箱根フリーパス」、伊豆箱根バスに乗れるのは「箱根旅助け」と、便利なフリーパスも2社で利用できる交通機関が異なるので注意が必要だ。旅の目的地、ルートによって上手に選択したい。

小田急のゴールデンルートで箱根一周

　乗り物を楽しむプランとして小田急系の「ゴールデンルート」がある。箱根湯本駅を出発点に、箱根登山電車、箱根登山ケーブルカー、箱根ロープウェイを乗り継ぎ、強羅、大涌谷などの主要観光地を巡って桃源台へ。桃源台港から箱根海賊船に乗って芦ノ湖をクルーズ。元箱根からは路線バスで箱根湯本に戻るという、箱根を一周するルートだ。新宿や小田原などからの小田急線往復も含めてすべて「箱根フリーパス」が利用できる。

仙石原、箱根園へのアクセス

　仙石原を巡る場合は利用できる交通機関はバスのみ。路線バスでもいいが、強羅を起点にポーラ美術館、箱根ラリック美術館、箱根湿生花園などの主要観光スポットを循環している「観光施設めぐりバス」が便利。「箱根フリーパス」が利用できる。

　箱根園や駒ヶ岳を目指すなら、伊豆箱根バスでアクセス。箱根 駒ヶ岳ロープウェー、箱根芦ノ湖遊覧船といった西武系の乗り物でプランを立てよう。

仙石 🚏 仙石原

仙石原

箱根湿生花園 ★

大涌谷駅

箱根ロープウェイ

大涌谷 ★

仙石原
箱根湯本駅→仙石原
箱根湯本駅➡箱根登山バス🚏路線24分➡仙石バス停
箱根湯本駅➡箱根登山電車37分➡強羅駅➡観光施設めぐりバス20分➡仙石バス停

箱根スカイライン

湖尻

桃源台駅

🚏湖尻

桃源台港

姥子駅

🚹湖尻港
※2023年10月現在、閉鎖中

大涌谷
箱根湯本駅→大涌谷
箱根湯本駅➡箱根登山電車37分➡強羅駅➡箱根登山ケーブルカー10分➡早雲山駅➡箱根ロープウェイ15分➡大涌谷駅

箱根 駒ヶ岳ロープウェー

箱根園港

湖尻
箱根湯本駅→湖尻
箱根湯本駅➡箱根登山電車37分➡強羅駅➡箱根登山ケーブルカー10分➡早雲山駅➡箱根ロープウェイ45分➡桃源台駅

箱根園駅

芦ノ湖

湖尻 ➡ 元箱根

船利用 約40分
桃源台港➡（箱根海賊船40分）➡元箱根港

芦ノ湖スカイライン

箱根町港

──── 箱根 芦ノ湖遊覧船
──── 箱根海賊船

所要時間早見表

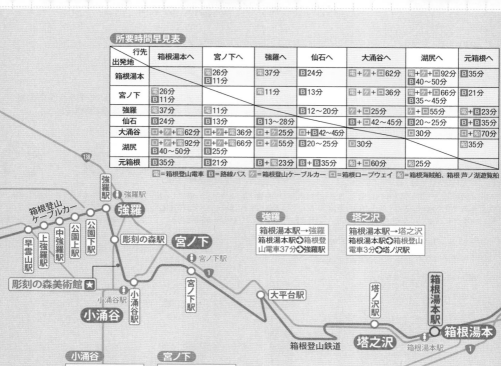

行先／出発地	箱根湯本へ	宮ノ下へ	強羅へ	仙石へ	大涌谷へ	湖尻へ	元箱根へ
箱根湯本		電26分／B11分	電37分	B24分	電+ケ+ロ62分	電+ケ+ロ92分／B40〜50分	B35分
宮ノ下	電26分／B11分		電11分	B13分	電+ケ+ロ36分	電+ケ+ロ66分／B35〜45分	B21分
強羅	電37分	電11分		B12〜20分	ケ+ロ25分	ケ+ロ55分	電+B23分
仙石	B24分	B13分	B13〜28分		B+ロ42〜45分	B20〜25分	電+B35分
大涌谷	ロ+ケ+電62分	ロ+ケ+電36分	ロ+ケ25分	ロ+B42〜45分		ロ30分	ロ+船70分
湖尻	ロ+ケ+電92分／B40〜50分	ロ+ケ+電66分／B25分	ロ+ケ55分	B20〜25分	ロ30分		船35分
元箱根	B35分	B21分	B+電23分	B+B35分	船+ロ60分	船25分	

電=箱根登山電車　B=路線バス　ケ=箱根登山ケーブルカー　ロ=箱根ロープウェイ　船=箱根海賊船、箱根芦ノ湖遊覧船

強羅
箱根湯本駅→強羅
箱根湯本駅◯→箱根登山電車37分◯→強羅駅

塔之沢
箱根湯本駅→塔之沢
箱根湯本駅◯→箱根登山電車3分◯→塔ノ沢駅

小涌谷
箱根湯本駅→小涌谷
箱根湯本駅◯→箱根登山バスⒽ路線16分◯→小涌谷駅バス停
箱根湯本駅◯→箱根登山電車31分◯→小涌谷駅

宮ノ下
箱根湯本駅→宮ノ下
箱根湯本駅◯→箱根登山バスⓉ路線11分◯→宮ノ下駅バス停
箱根湯本駅◯→箱根登山電車26分◯→宮ノ下駅

元箱根
箱根湯本駅→元箱根
箱根湯本駅◯→箱根登山バスⒽ路線35分◯→元箱根港バス停

箱根町
箱根湯本駅→箱根町
箱根湯本駅◯→箱根登山バスⒽ路線45分◯→箱根町港バス停

⚓ 遊覧船で芦ノ湖のクルージングを楽しむことができる

⚓ 急坂を上る箱根登山ケーブルカーは強羅〜早雲山を運行

催される行事や季節ごとの魅力が箱根にあふれている
箱根トラベルカレンダー

1200年もの歴史を持つ日本屈指の温泉観光地・箱根。数々の伝統行事や四季の景色の移ろいも見どころだ。高地特有の気候を念頭に入れてから出発したい。

1月
年始の箱根駅伝に全国が注目。現地で沿道から応援するのもおすすめ。

2月
雪が積もった場合、交通規制やロープウェイ運休が心配されることも。

3月
まだ積雪には気を抜けないが、ススキ草原山焼きは春を告げる風物詩。

4月
各地で桜が満開に。箱根園など、下界まで花見が楽しめる名所もある。

5月
GWの連休が明ける頃には、新緑とツツジの美しい季節が訪れる。

6月
中旬頃には標高の低いころからアジサイが開し、雨の季節を彩る。

● 月平均気温（℃）
■ 月平均降水量（mm）

> 箱根湯本付近は標高が低いので、雪が降ることは少ない

> 標高が高い場所は気温が特に低く、マフラーや手袋など本格的な寒さ対策が必要

> 寒い日も多く、寒暖の差も大きいので、春用のコートや羽織るものが欲しい

> 夏に向かって湿気が多くなるにつれ、富士山を見晴らせる機会が少なくなる

1.5	1.5	4.7	8.6	13.7	17.8
47.5	175.5	297.0	185.0	171.0	530.0

2・3日
**東京箱根間
往復大学駅伝競走**
関東学連加盟大学が読売新聞東京本社ビル前〜芦ノ湖間を往復し競う。テレビ放映で全国のお茶の間が注目する、通称「箱根駅伝」。

5日
芦ノ湖湖水開き
湖の1年間の安全を祈願し、芦ノ湖上を水上スキー所役が祓い清めたあと、神事に参加した若者たちが水上スキー初滑りを行う。

🌸桜

2日
**箱根神社節分祭
奉祝花火大会**
箱根神社の節分祭の前夜に、元箱根湾で花火大会を開催。一年で最も空気が澄んだ時季ならではの花火がひときわ美しい。
※開催についてはHPなどで要確認

3日
**箱根神社
節分祭 追儺式**
境内での豆まきのほか、水上スキーで逃げ回る鬼を船からの打豆で退治する「湖上鬼追い」も実施。揚げたてのワカサギの無料振る舞いもある。

27日
仙石原湯立獅子舞
仙石原諏訪神社で湯立獅子舞を奉納。獅子が行う湯掛けの儀で湯花がかかった人は、一年間無病息災で過ごせるという。

↑ツツジ

16・17日頃
**大平台・山神社の
祭り**
しだれ桜が満開の大平台・山神社で、日照りでも涸れることのない清水と温泉に感謝を祈念し、御輿が町内を練り歩く。

中旬〜下旬
箱根園さくらまつり
芦ノ湖湖畔のオオシマザクラは中旬〜下旬が見頃。期間中は箱根園の各所で、桜にちなんだイベントが開かれる。

5日
公時（きんとき）まつり
金太郎のモデル・坂田金時を祀る仙石原の公時（金時）神社で、子どもの健康や家内安全を祈願して湯立獅子舞を奉納。

13日
**九頭龍神社本宮
例祭**
九頭龍神社本宮の最重要な祭り。九頭龍神に御供を捧げる沿神事も行われる（毎月日に行われる祭典大祭）。

中旬〜7月上旬
あじさい電車
この時季の箱根登山車は、車窓から沿線間はアジサイが幻想にライトアップされる点もある。

桜 3月下旬〜5月上旬

↑アジサイ

ツツジ 4月下旬〜5月下旬

↑箱根から芦ノ湖と冬富士を望む

↑箱根強羅夏まつり大文字焼き

↑黄金に輝く秋のススキ草原

↑箱根神社の雪景色

7月	**8**月	**9**月	**10**月	**11**月	**12**月
標高の高いところまでアジサイが見頃を迎え、中旬まで楽しめる。	高地では暑さを心配せず快適に過ごせる。一年で最も賑わう時季。	秋に向け、金色に染まり始めるススキが緑とのコントラストを見せる。	秋雨が多い。一気に秋めいて気温が下がり、高地ではひと足早い紅葉が。	一面黄金色のススキや紅葉を目当てに、8月に次いで観光客が多い。	冬が到来。積雪は少ないものの、路面の凍結には気をつけたい。

21.3　　　21.5
　　　　　　　　　　17.8
　　　　　　　　　　　　　　　　13.7
　　　　　　　　　　　　　　　　　　　　　　9.7
　　　　　　　　　　　　　　　　　　　　　　　　　　　　2.7

高原エリアの朝晩は肌寒いので、長袖や上着があると安心。日焼け対策も万全に

箱根湯本など標高が低い場所は、東京と変わらない暑さなので注意

夜は冷え込むので、温泉で温まったあとでも油断しないように

明け方は0℃近くなる日も。セーターやジャケットでしっかり寒さ対策を

93.5　　213.0　　147.5　　473.0　　139.0　　100.5

1日
水まつり
芦ノ湖各所で連夜花火が打ち上がる「芦ノ湖夏まつりウィーク」のオープニング。元箱根湾で花火大会が始まり、夏の夜空を彩る。

1日
箱根神社例大祭
古くは、源頼朝や徳川家康なども崇敬した箱根神社の最も重要な祭り。夜は芦ノ湖で箱根湖水祭で花火大会が開催される予定。

16日
箱根強羅夏まつり
大文字焼き
明星ヶ岳の山腹に巨大な「大」の字形の送り火が焚かれるほか、花火も打ち上げられる。箱根の夏を彩る一大イベント。

9日
湯本熊野神社
神湯祭
箱根最古の源泉「惣湯」が社殿下にある湯本熊野神社で、温泉分湯授与式や湯汲神事を行い、温泉に感謝する祭り。

彼岸中
正眼寺 襖絵と
地蔵菩薩公開
箱根町湯本の正眼寺で本堂の襖絵と、歌舞伎の仇討ち物で知られる曽我兄弟を写したと伝わる2体の地蔵菩薩立像を公開する(3月にも実施)。

24日
箱根元宮
御神火祭・例祭
駒ヶ岳山頂に鎮まる箱根元宮の最も重要な祭り。神事できり出された御神火は、翌日に箱根全山の神社を巡行する。

3日
箱根大名行列
伝統的な箱根大名行列を再現。箱根湯本温泉郷の旧東海道や温泉街を盛大に練り歩く。

11月1日〜12月25日
クリスタルガラスの
クリスマスツリー
箱根ガラスの森美術館ではクリスタルガラスをまとった美しい大小2本のツリーが陽光にきらめく。夜間はライトアップも実施予定。

31日
師走大祓
半年間の罪穢を祓い清める神事。箱根神社では茅の輪くぐり神事も行われる。

↑ススキ

↑紅葉

アジサイ　6月中旬〜7月上旬
ススキ　9月中旬〜11月中旬
紅葉　10月中旬〜12月下旬

※日程は変動することがありますので、事前にHPなどでご確認ください。

箱根
おとなの2泊3日

自然の息吹が感じられる大涌谷の噴煙や、神聖な
パワースポットを訪れ、絶景に感動。歴史を刻ん
だレトロな街並みを歩き、受け継がれた手仕事を
体験する。そして何より、温泉に癒やされたい。

◎朱い灯籠が並ぶ箱根神社の参道は、木々に囲まれ神秘的な空気が漂う。ゆっ
たりとした気持ちで歩けば、身も心も浄化される

1日目

神々が宿る地をたどり、絶景に感動
地球の内部から沸き立つエネルギーと古の息づかいを感じる。

ロープウェイ で **大涌谷** を観察する

強風にも耐えられるゴ
ンドラで芦ノ湖へ移動

9:00 箱根湯本駅
約50分
箱根湯本駅から箱根登山
電車で37分。強羅駅で
箱根登山ケーブルカーに
乗り換え10分、早雲山
駅下車

10:15 箱根ロープウェイ
約45分
早雲山駅から箱根ロープ
ウェイで45分、桃源台駅
下車。桃源台港まで徒歩
すぐ

11:00 箱根海賊船
約40分
桃源台港から箱根海賊船
で25分、元箱根港で下
船。箱根神社まで徒歩
12分

13:00 箱根神社
約30分
箱根神社から旧街道杉並
木まで徒歩20分

14:30 箱根関所
約60分
箱根関所跡バス停から箱
根登山バスで25分。宮ノ
下駅で箱根登山電車に
乗り換え26分、箱根湯
本駅下車

16:30 箱根湯本駅

箱根ロープウェイ ➡ P.68
はこねロープウェイ
富士山や芦ノ湖などの大パノ
ラマを望みつつ、空中散歩
が楽しめる。

箱根の絶景といえば
芦ノ湖と富士山

噴煙が上がる様子を
真上から見学できる

大涌谷 ➡ P.64
おおわくだに
箱根山の火山活動によりできた
景勝地。名物の黒たまごは必食。

8

ユニークな 観光船 で芦ノ湖を渡る

箱根海賊船 ➡️P.50
はこねかいぞくせん

桃源台港と箱根町港、元箱根港の3つの港を結ぶ観光船。さまざまなモチーフの装飾を見学するのも楽しい。

湖上から
箱根神社を望む

3種類の
海賊船がある

荘厳な 箱根神社 の境内を散策

箱根神社 ➡️P.56
はこねじんじゃ

箱根の山岳信仰の中心として開かれ、開運や縁結びのご利益がある。心身を清めてからお参りしよう。

朱塗りの権現造の
御社殿

境内に湧く
龍神水

プランニングのアドバイス

箱根登山電車から箱根登山ケーブルカー、箱根ロープウェイを乗り継ぎ、箱根の主要スポットを巡る。移動中も車内から絶景を望める場所が多いので、車窓に注目しながら移動を楽しもう。ロープウェイは途中下車し、遊歩道を歩いて下るのもおすすめ。芦ノ湖は箱根 芦ノ湖遊覧船に乗り、箱根園に立ち寄るのもいい。箱根旧街道の雰囲気をもっと味わいたいなら、元箱根のバス停からバスで畑宿方面に行き、そこから箱根関所まで歩いて行くこともできる。

食事のプラン

芦ノ湖周辺には食事処が点在し、芦ノ湖の眺望が楽しめるレストランも多い。昼は元箱根港近くの、「La Terrazza 芦ノ湖」(P.52)か「ティーラウンジ 季節風」(P.53)、「プレミアムショップ&サロン・ド・テ ロザージュ」(P.53)などがおすすめ。夜は箱根町港か箱根湯本駅周辺の名店に行きたい。

鬱蒼とした 杉並木 を歩いて 箱根関所 へ

涼しく静かな道が続く
杉並木入口

旧街道杉並木 ➡️P.62
きゅうかいどうすぎなみき

樹齢400年近くの大木が並ぶ杉並木は、ハイキングコースとして人気。江戸時代の旅人に思いを馳せつつ歩きたい。

箱根関所 ➡️P.60
はこねせきしょ

江戸時代に置かれた交通の要所。建物が復元され、当時の関所の様子を知ることができる。

2日目

レトロな街並み散歩と高原美術館巡り

歴史が色濃く残る宮ノ下周辺を散策し、数々の芸術作品にふれる。

歴史ロマンあふれる 宮ノ下 を歩く

9:30 箱根湯本駅

約30分
箱根湯本駅から箱根登山電車で26分、宮ノ下駅下車。セピア通りまで徒歩すぐ

10:00 宮ノ下

約30分
宮ノ下駅から箱根登山電車で11分。強羅駅で箱根登山バスに乗り換え13分、ポーラ美術館バス停下車、徒歩すぐ。ポーラ美術館から箱根ラリック美術館は箱根登山バスで8分

13:30 仙石原

約45分
仙石案内所前バス停から箱根登山バスで15分。宮ノ下駅で箱根登山電車に乗り換え26分、箱根湯本駅下車

黄金色に輝く
仙石原のススキ草原

17:30 箱根湯本駅

セピア通り ➡P.41
セピアどおり

かつて外国人観光客で賑わったノスタルジックな通り。ヴィンテージ品や昔ながらの名物菓子をおみやげに。

Café de motonami ➡P.118
カフェドモトナミ

宮ノ下を代表するカフェ。コーヒーと和スイーツでちょっと休憩。ランチタイムに訪れるのもおすすめ。

プランニングのアドバイス

宮ノ下では富士屋ホテル周辺の小道を散策するなど、深い歴史を感じたい。仙石原には箱根ガラスの森美術館(P.93)などさまざまな美術館が点在するので、時間があればいろいろと訪れよう。
季節によっては、仙石原のススキ草原(P.28・70)や箱根湿生花園(P.71)に立ち寄るのもいい。

食事のプラン

「鮨みやふじ」(P.45)の元祖アジ丼など、宮ノ下にはランチにぴったりな名物メニューがある食事処(P.44)が多い。美術館内のレストランはテラス席もあるので、晴れた日におすすめだ。

仙石原 の美術館で名画と工芸品を鑑賞

ポーラ美術館 ➡P.90
ポーラびじゅつかん

収蔵作品点数は約1万点。レストランやミュージアムショップも充実している。

モネやルノワールなどの作品が見られる

箱根ラリック美術館 ➡P.91
はこねラリックびじゅつかん

ルネ・ラリックのジュエリーやガラス作品が常時230点ほど並ぶ。緑あふれるガーデンやカフェはリゾートホテルのよう。

3日目

箱根の伝統工芸品とアクセサリー制作体験
寄木細工の技法を学び、世界にひとつの作品を手に入れる。

9:00	箱根湯本駅
↓	約20分 箱根湯本駅から箱根登山バスで15分、畑宿バス停下車。畑宿寄木会館まで徒歩3分
9:30	寄木細工
↓	約60分 箱根登山バスで箱根湯本駅に戻り、箱根登山電車で37分、強羅駅下車。箱根強羅公園まで徒歩8分
13:30	箱根強羅公園
↓	約40分 強羅駅から箱根湯本駅に戻る。箱根湯寮まで送迎バスで3分

強羅公園の
ローズガーデン

16:00	日帰り湯
↓	約5分 箱根湯本駅まで送迎バスで3分
17:30	箱根湯本駅

寄木細工 のコースター作りに挑戦する

畑宿寄木会館 ➡P.99
はたじゅくよせぎかいかん

寄木細工の作品を展示・販売する。工芸体験のほか、道具の展示や職人による実演コーナーもあり、寄木細工について、詳しく学べる。

好きな木材のパーツを組み合わせて作る

材料はセットになっていて気軽に体験できる

オリジナルの アクセサリー を作る

箱根強羅公園 ➡P.48
はこねごうらこうえん

季節の花が彩る公園。箱根クラフトハウスのとんぼ玉作堂では、自分だけのオリジナルアクセサリーを作ることができる。ほかにもさまざまなものづくりが体験できる。

世界各地のヴィンテージビーズなどを使用する

キーホルダーやブレスレット、ピアスなどが作れる

箱根湯本の 日帰り湯 でまったりと

箱根湯寮 ➡P.76
はこねゆりょう

19室の貸切風呂には、陶器や御影石の湯船などさまざまなタイプがあり休憩室も付く。大浴場には広々とした露天風呂もあるので、好みの風呂でのんびり過ごしたい。

プランニングのアドバイス

畑宿には寄木細工に関する施設や店が多い。いろいろと見比べながら作品を購入するのもいい。また、箱根強羅公園（P.48）では、とんぼ玉や吹きガラスなどの工芸体験もできる。箱根湯本周辺は日帰り湯が点在するので、絶景露天風呂やにごり湯などお好みで。

食事のプラン

ランチは箱根強羅公園のカフェ「Cafe Pic」（P.49）かサンドイッチ専門店「一色堂茶廊」（P.49）で手軽に。ディナーは箱根湯本の高級店で贅沢にいただくのもいい。

ニュース＆トピックス

温泉にグルメ、雄大な自然。旅の醍醐味が100%堪能できる箱根に、新たな魅力あふれるお宿が登場。
素敵空間で癒やされ、大自然を満喫できるアウトドア体験を楽しんだら、くつろぎのカフェでのんびりと。

2023年7月オープン

「温泉」「自然」「食事」で癒やしを提供
生まれ変わった 箱根ホテル小涌園 へ

1959年開業の箱根ホテル小涌園が建て替えを行い再び開業。
「ユネッサン(P.46)と一体的に『温泉』『自然』『食事』を体験
できるホテル」というコンセプトで、老
若男女問わず楽しめる空間を演出。全
館キャッシュレス対応（現金精算不可）。

大正3年(1914)に造ら
れた1万6000m²の歴史
ある日本庭園を散策

箱根ホテル小涌園
はこねホテルこわきえん

小涌谷 MAP 付録P.8 C-3

☎0465-22-5489(予約センター 10:00〜18:00)
所箱根町二ノ平1297 交 小涌園バス停からす
ぐ P150台 in15:00 out10:00 室150
室 予約 1泊2食付1万8150円〜

開放感あふれる大きな
窓から箱根の山々を望め
るデラックスルーム

4階にあるBar1959。名前の
1959は前身の「箱根ホテル
小涌園」が開業した年

ご当地料理や地元の食材を
使ったこだわりのビュッフェ

温泉に浸かりながら箱根の
山々や庭園を望める大浴場

神奈川県産のヒノキを使用し
たドライサウナで整う

全室温泉風呂付き
プライベートヴィラ で
愛犬と過ごす癒やしのひととき

富士箱根伊豆国立公園内の森の中にた
たずむ愛犬家のためのプライベートヴィ
ラ。客室すべてに温泉風呂を完備。美肌
の湯として知られる強羅温泉で極上のひ
とときを過ごせるほか、BBQやキャンプフ
ァイヤーなどのアウトドア体験も楽しめる。

モリトソラ箱根
モリトソラはこね

小涌谷 MAP 付録P.8 C-4

☎0460-83-8263 所箱根町小涌谷439-2
交上鷹ノ巣バス停からすぐ Pあり
in15:00 out11:00 室12室
予約 1泊2食付平日2万7000円〜、
祝前日3万1000円〜

各室の専用風呂で好き
なタイミングで天然温泉
で湯浴みを楽しめる

2023年4月オープン

相州牛や清川恵水ポーク
に小田原港の海鮮などこ
だわり食材をBBQで堪能

部屋タイプは全7種。
ドッグラン付きの部屋も
ある

エグゼクティブルー
ムからの夕景

2023年4月オープン

緑の芝生が広がるガーデン。屋外イベントやワークショップなどを開催

ガーデンでホットサンド作りや寄木体験などのアクティビティも

豊富なアウトドアギアや箱根限定商品が揃う「THE NORTH FACE箱根」

カフェラウンジでは箱根唯一のクラフトビール醸造所「GORA BREWERY」のビールが味わえる

地元出身ガイドによるネイチャーツアーなどさまざまな体験プログラムがある

箱根のアウトドアの魅力を届ける
自然体験 の新たな拠点が誕生!

一人一人に、「ホームフォレスト」を届けるために、自然と遊ぶアクティビティを中心に多種多様なプログラムを展開。カフェやショップも併設され、アウトドアや箱根の魅力に触れることができる。

HAKONATURE BASE
ハコネイチャーベース

箱根湯本 **MAP** 付録P.17 E-1
🏠箱根町湯本740　⏰10:00〜18:00
💴入場無料　休火曜　🚃箱根登山鉄道・箱根湯本駅から徒歩7分（無料送迎バスあり）　🅿あり

箱根の自然に包まれてくつろぐ
チルカフェ に熱視線♥

豊かな自然の中でおいしいコーヒーやスイーツを堪能してほっとひといき、くつろぐチルタイム。あまりの居心地のよさについ長居したくなる、魅力いっぱいのカフェをご紹介。

NOMU hakone
ノム ハコネ

ニコライ バーグマン 箱根 ガーデンズ内にたたずむ美しい緑に包まれたカフェ。箱根の食材をふんだんに使用したデンマークらしさを感じられる工夫を凝らした料理やスイーツが味わえる。

強羅 **MAP** 付録P.8 A-1
☎0460-83-9087
🏠箱根町強羅1323-119
⏰10:00〜17:00
休水曜　💴ニコライ バーグマン 箱根 ガーデンズ入園料1800円（事前Web購入料1500円）
🚃箱根登山鉄道・強羅駅から車で5分　🅿あり

心地よく風に包まれるように設計された3つの大きな扉

有機緑茶レモネード880円

テイクアウトし園内のベンチやカフェパビリオンで飲食可能

1階がカフェ、2階が焙煎所になっていて、香ばしい香りに包まれる

COFFEE CAMP
コーヒーキャンプ

本格エスプレッソや自家製チャイ、レモネードなどの多様なドリンクのほか、モーニングからランチ、スイーツなどのフードメニューも充実している。

強羅 **MAP** 付録P.8 C-1
☎0460-83-8644
🏠箱根町強羅1320-261
⏰8:00〜16:30（LO16:00）
休無休　🚃箱根登山鉄道・強羅駅から徒歩1分　🅿なし

自家製スペアリブプレート1738円

元農協の建物をリノベーションしたカフェ

自家製チャイ＋スチームミルク792円

箱根 変幻の四季

箱根で特に有名な季節の名所といえば、
小田急 山のホテルのツツジ、箱根登山鉄道沿線のアジサイ、
仙石原のススキ草原。いずれも、その規模がすごい。
広大な面積を埋め尽くす季節の色は迫力満点だ。

小田急
山のホテル ➡P.128

おだきゅう やまのホテル
芦ノ湖周辺 MAP 付録P.14 A-2
岩崎男爵別邸だった時代から植
えられているツツジ。84品種、
3000株もの花が咲き誇る。

広大な庭園を
ツツジが埋め尽くす

川沿いの桜並木は絶好のお花見ポイント

桜まつりの期間中にはライトアップされ幻想的な姿を見せる

宮城野早川堤
みやぎののはやかわつつみ

強羅 **MAP** 付録 P.8 C-1

早川沿いを600mにわたりソメイヨシノの桜並木が続く。国道138号沿いにはしだれ桜が咲く場所もある。

所 箱根町宮城野626-11
交 箱根登山鉄道・強羅駅から徒歩20分

箱根園 ➡ P.54
はこねえん

芦ノ湖周辺 **MAP** 付録 P.12 C-3

4月中旬から下旬にかけて咲く湖畔の一本桜は、5本の幹が寄り添って1本となったもので、満開時には見事な景観に。箱根園のシンボルのような存在。

芦ノ湖畔に咲く一本桜

高さ12m、周囲70mの巨大な桜の木は樹齢約100年

ホテルラウンジの前からはツツジ越しに富士山が望める

夏
鮮やかな緑が
美しい

標高が高くなるほどアジサイの開花時期も遅くなる

車窓から眺める
アジサイの大輪の花

箱根登山電車 ➡ P.66
はこねとざんでんしゃ

MAP 付録 P.16 C-1

アジサイの時期には「あじさい電車」とも呼ばれる鉄道。車窓に触れるほど近くに咲き誇る。

絨毯を広げたような苔

箱根美術館 ➡ P.94
はこねびじゅつかん
強羅 **MAP** 付録 P.16 A-2
約130種類の苔が植えられた苔庭に散策路が続く。苔の種類の多さは日本一といわれる。

苔の緑に深みが増す梅雨の時季は特に神秘的だ

噴水池は公園のシンボル。周囲のベンチでゆっくり花を眺めたい

箱根強羅公園 ➡ P.48
はこねごうらこうえん
強羅 **MAP** 付録 P.16 B-2
噴水池周りの草花は季節ごとに植え替えられる。

夏に開花する花々の元気な色合いが魅力

静かな紅葉の穴場

自分に似ている仏さまが見つかるという五百羅漢像

赤や黄色、オレンジ色に染まったモミジが美しい

箱根一との呼び声も高い紅葉

箱根美術館 →P.94
はこねびじゅつかん

強羅 **MAP** 付録P.16 A-2

200本以上のモミジが植えられた庭園。茶室で一服しながら庭園を眺めるのも風情がある。

長安寺 ちょうあんじ

仙石原 **MAP** 付録P.5 D-2

喜怒哀楽が豊かな五百羅漢像とそれらを取り囲む紅葉が有名。お寺の静謐な空間を散策したい。

🏠非公開 🏠箱根町仙石原82
🚌仙石バス停から徒歩3分

秋
心に染み入る季節

一面に広がるススキの黄金の穂

仙石原のススキ草原 →P.70
せんごくはらのススキそうげん

仙石原 **MAP** 付録P.4 C-4

大人の背丈ほどもあるススキが草原を埋め尽くす。日差しを浴びてきらきらと輝く穂が美しい。

「かながわの景勝50選」などにも選ばれている有名スポットだ

冬
寒さ厳しい
氷の世界

湖と山々が
白く染まる

和冬

芦ノ湖 ➡P.50
あしのこ

芦ノ湖周辺 **MAP** 付録P.12 B-4

静かに雪が降り積もる芦ノ湖。
空気が澄んでいるので雪化粧
をした富士山もよく見える。

天気の良い日には湖面に
逆さ富士が映ることも

精進池
しょうじんがいけ

芦ノ湖周辺
MAP 付録P.13 F-3

標高874mの地点にある
小さな池。冬季には一
面に氷が張り、真っ白に
染まる。

所 箱根町元箱根
交 六道地蔵バス停からすぐ

大涌谷 ➡P.64
おおわくだに

大涌谷
MAP 付録P.7 E-3

真っ白な雪から噴煙
が上がる様子を見る
ことができる。火山
活動が今も続く大涌
谷ならではの景色だ。

神秘的な
白い世界

大蛇伝説が
残る池

池の周囲には重要文化財に
指定された石仏群がある

写真協力：箱根全山

標高1044m。自然の力がひ
しひしと感じられる光景だ

贅沢なプライベート空間を求めて

箱根で
スペシャルな滞在

Hotels in Hakone

豊かに湧く名湯に浸かり、ただ緑を眺める。
鳥のさえずり、木々の葉ずれの音しかしない静寂の時。
大人の休日にふさわしい極上の宿で、特別な一日を。

箱根の歴史がギュッと詰まった特別な宿

富士屋ホテルで
ラグジュアリーな一日

一度は泊まってみたい、風格あるクラシックホテル。
館内を見学するだけでも一見の価値あり。

箱根を代表する老舗ホテル
風格ある建物も必見

富士屋ホテル

ふじやホテル

明治11年(1878)、日本初の本格的リゾートホテルとして箱根・宮ノ下で創業、箱根の象徴的存在として歴史を刻んできた。平成の大改修(平成30年〜令和2年《2018〜20》)を終え、重厚感のあるロビーやクラシカルな装飾はそのままに、懐かしさと快適さを兼ね備えたホテルとして生まれ変わった。

HOTEL DATA

☎0460-82-2211　　宮ノ下 MAP 付録P.16A-3

⑰箱根町宮ノ下359　⊗箱根登山鉄道・宮ノ下駅から徒歩7分　🅿112台
in15:00　out11:00　室本館12室、西洋館21室、花御殿40室、フォレスト・ウイング47室　予約1泊2食付3万7000円〜、1泊朝食付2万9000円〜、素泊まり2万5000円〜　※入湯税は別途

FACILITY

プール 屋内プール&ジム「マーメイド」:天然温泉を使用、フィットネスマシン4台

レストラン 「メインダイニングルーム・ザ・フジヤ」「旧御用邸　菊華荘」「レストラン・カスケード」「バー・ヴィクトリア」「ラウンジ」

その他 リラクゼーション「禅」、ホテル・ミュージアム

温泉 DATA

風呂数 半露天風呂:2、内湯:2　泉質 ナトリウム塩化物泉

1. 本館ロビーのカウンターや階段は昔のままの重厚感を漂わせる　2. 本館の客室ヒストリックジュニアスイート　3. 西洋館の客室ヒストリックデラックスツイン　4. 社寺建築を思わせる瓦葺屋根と唐破風の玄関が特徴の本館は登録有形文化財に登録されている　5. 花御殿地下1階にある温泉プール

ホテルグルメ PICK UP

メインダイニング「ザ・フジヤ」で
洗練されたフレンチを

創業当時のレシピを受け継ぐクラシックスタイルのフレンチが味わえる。日本アルプスの高山植物636種が描かれた天井や、欄間、柱の彫刻など、装飾にも注目だ。

※宿泊料金は、「1泊2食付」「1泊朝食付」「素泊まり」については、特記のない場合、1室2名で宿泊したときの1名分の料金です。

客室10室ほどのこぢんまりした宿
小さな隠れ家宿でくつろぎステイ

休日を静かに、気兼ねなく過ごしたいときにおすすめ。
小規模ならではのホスピタリティにも期待できる。

RELAXATION
主なスパメニュー
● フルボディコース90分1万6500円
● フェイシャル&デコルテ
90分1万8700円
● ボディ フェイシャル&デコルテ
90分1万9800円

ココシェニック アロマ サロン ☎15:20〜
16:50、17:00〜18:30、10:15〜11:45、
12:00〜13:30

静寂のなか、檜の露天風呂で憩う
1日8組限定の箱根の隠れ家

箱根 時の雫
はこね ときのしずく

宮ノ下 MAP 付録P.9 D-3
宮ノ下の高台に建つ癒やしの宿。全8
室の客室はすべて檜造りの専用露天
風呂が付くスイート仕様。グラン・スイ
ートは200㎡もの広さで、箱根の自然
に抱かれる天空露天風呂が付く。旬の
食材を最高のおいしさで供する食事
"和のオーベルジュ"が宿の自慢だ。ア
ロマサロンやシガーバーもある。

温泉 DATA
風呂数 露天風呂:0、内湯:0、
貸切風呂:0 ※全客室に露天風呂完備
泉質 塩化物泉(弱アルカリ性)

1.グラン・スイートの客室「ラ・ロマネ」は天空
露天風呂と檜の内風呂付き 2.プリュミエスイ
ートはリビング、寝室、和室からなる 3.夕
食は極上の眺めを楽しめるダイニングで新
感覚の懐石料理を 4.アロマサロンでは、オ
リジナルのマッサージオイルで憩いの時を
5.食事メニューでは、やわらかくジューシー
なローストビーフが絶品 6.全5室のスイー
トは63〜74㎡の広さ。箱根の山々を望む開
放的なバルコニーが付く

HOTEL DATA
☎0460-82-4343
所 箱根町宮ノ下416
交 箱根登山鉄道・宮ノ下駅から徒歩25分(宮
ノ下駅から送迎バスあり) P 30台
in 15:00 out 12:00 室 8室
予算 1泊2食付スイート3万5200円〜、プリュ
ミエスイート3万9600円〜、グラン・スイー
ト5万2800円〜

湯本から近い立地でありながら
緑豊かで静かな宿

静観荘
せいかんそう

箱根湯本 **MAP** 付録P.11 D-3

湯坂山を望む5つの部屋にはテラスに
露天風呂が付き、絶景を楽しみながら
湯浴みが可能。旧東海道側の4部屋
は、中庭に専用露天風呂がある。琉球
畳を敷いた和モダンのしつらえの客室
はシックで落ち着く。月ごとにメニュー
が変わる、季節感あふれる創作会席
料理の食事も楽しみだ。

HOTEL DATA

☎0460-85-5795
⬛箱根町湯本茶屋19　🚃箱根登山鉄道・箱根
湯本駅から徒歩20分(箱根湯本駅から旅館
送迎バスあり、有料)　🅿10台　in15:00　out
11:00　🏠9室　💰1泊2食付平日2万4750円
〜／休前日4万3450円(別途入湯税150円)

温泉 DATA

風呂数　露天風呂:0、内湯:2、貸切風呂:0
※全客室に露天風呂完備
泉質　単純温泉(アルカリ性)

1.湯坂山側の客室テラスにある露天風呂からは緑が美しい絶景
が見渡せる　2.6畳和室にダブルベッドを配したシックな「萌黄」
3.旧東海道側の4部屋は、専用露天風呂が離れにある　4.一品
一品丹精込めて作られた創作懐石料理に舌鼓

1.富士山・外輪山側
の和洋室では、空気
が澄んだ日には富
士山も望める
2.落ち着いた雰囲気
の静かな宿。マタニ
ティプランなども用
意されている
3.創作会席料理で
は旬の地元食材に
加え、絶品の特選和
牛も楽しめる
4.全室に付く半露天
風呂は檜造り。木の
香りと強羅の名湯に
癒やされる

空と森に抱かれる半露天風呂と
極上の創作会席でおもてなし

箱根湯宿 然 -ZEN-
はこねゆやどぜん

仙石原 **MAP** 付録P.6 C-2

広い館内に全10室がゆったり配され、
富士山・外輪山側と森側の2タイプの
眺望を持つ。全客室に付く半露天風呂
には、強羅温泉の湯が源泉かけ流しと
いう贅沢感。箱根山麓の野菜や相模
湾の魚介など、地元食材が織りなす会
席料理も絶品だ。

HOTEL DATA

☎0460-84-2400
⬛箱根町仙石原1245-96　🚃パレスホテル
前バス停から徒歩10分(パレスホテル前バス
停／箱根ロープウェイ・姥子駅から送迎あり)
🅿10台　in15:00　out11:00　🏠10室
💰1泊2食付ツイン3万8000円〜、ダブル3
万5000円〜

温泉 DATA

風呂数　露天風呂:0、内湯:0、貸切風呂:0
※全客室に半露天風呂完備　泉質　塩化
物泉(アルカリ性、低張性、高温泉)

温泉 DATA

風呂数	露天風呂:1、内湯:1、貸切風呂:1 ※全客室に露天／半露天風呂完備
泉質	酸性泉、硫酸塩泉、塩化物泉

天然温泉かけ流しの客室露天で
夢心地の大人の癒やしの時を

月の花 梟

つきのはな あうる

仙石原 **MAP** 付録P.5 D-3

大涌谷の白濁の名湯と創作懐石料理でもてなす宿。「七夜月」「月の雫」「花の雫」「香具夜」の4室からなる全客室が、天然温泉かけ流しの露天または半露天風呂付き。別に広い貸切風呂もあり、エステのリラクセーションメニューも豊富だ。旬の厳選食材で作る創作懐石料理も大人の旅時間を彩る。

HOTEL DATA

☎0460-84-2234　所箱根町仙石原956-8　交品の木・箱根ハイランドホテルバス停から徒歩3分　P6台　in15:00　out10:30　室4室　予算1泊2食付平日3万2000円〜、祝前日3万4000円〜（別途入湯税150円）

1.客室「七夜月」の露天風呂は、夜はライトアップで幻想的な雰囲気に　2.五感で味わう季節の懐石料理も大きな楽しみ　3.仙石原の自然に囲まれた静かな宿　4.各部屋とも、ゆったりサイズのベッドを用意

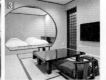

限定9室の細やかなおもてなし
大人のための非日常空間が待つ

強羅 月の泉

ごうら つきのいずみ

強羅 **MAP** 付録P.16 A-2

中強羅の自然に囲まれた宿。静かな敷地にたたずむのは、露天風呂付き客室9室、広い内湯、個室食事処など。和とモダンが融合したスタイリッシュな空間が心地よく、客室数を絞った温かなもてなしにくつろげる。旬の山海の幸を贅沢に使った創作懐石料理の食事はまさに至福の時。

HOTEL DATA

☎0460-82-8801　所箱根町強羅1300-173　交箱根登山鉄道・中強羅駅から徒歩5分　P9台　in15:00　out11:00　室9室　予算1泊2食付特別和洋室4万円〜、洋室4万円〜、和室＋寝室2階3万5000円〜、和室＋寝室1階3万4000円〜

温泉 DATA

風呂数	露天風呂:0、内湯:2、貸切風呂:0 ※全客室に露天風呂完備
泉質	単純温泉

1.敷地に一歩入ると別世界。音や色、香りまでもが大人の休日を演出　2.緑に包まれたテラスに広い露天岩風呂を備えた客室も　3.和とモダンの意匠が快適感を高める客室。高級羽毛布団でよく眠れる　4.特別和洋室は露天風呂、和室、洋室、リビングからなる贅沢な造り　5.季節替わりの創作懐石料理は、夕食・朝食ともプライベートな個室食事処で楽しめる

1. ゲストが自由にくつろげるラウンジはフリードリンク　2. 豊かな自然に抱かれているかのような風呂　3. アプローチから特別な滞在が始まる

各室に露天風呂を配置
絶品料理で特別な時間を

きたの風茶寮
きたのかぜさりょう

仙石原 **MAP** 付録P.5 D-3

全体に感じられる統一感が、オリジナルな落ち着きを演出。客室には露天風呂か展望風呂が完備され、プライバシー重視で喧騒を忘れさせてくれる。食の宝庫・北海道の食材と地元食材とのコラボによる、目に鮮やかな懐石料理が味わえる。

HOTEL DATA

☎0570-026577
所箱根町仙石原934-29　交仙郷楼前バス停からすぐ　P13台
in15:00　out12:00　室10室
予算1泊2食付3万9750円〜

温泉 DATA

風呂数	露天風呂:0、内湯:0、貸切風呂:1 ※全客室に露天／展望風呂完備
泉質	硫酸塩泉、塩化物泉

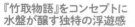

『竹取物語』をコンセプトに
水盤が醸す独特の浮遊感

金乃竹 仙石原
きんのたけ せんごくはら

仙石原 **MAP** 付録P.4 C-3

「帝」「姫」「光」など部屋の名前はロマンティックな一文字。『竹取物語』をコンセプトに全9室に露天風呂を配置する。各部屋から見える水盤と夜にはライトアップされる竹林とがつくる幻想的な景色は、眺めているだけで飽きない。非日常を約束する、大人のための旅館。

HOTEL DATA

☎0460-85-9200
所箱根町仙石原817-342
交台ヶ岳バス停から徒歩3分　P10台
in15:00　out11:00　室9室
予算1泊2食付 6万円〜

温泉 DATA

風呂数	露天風呂:0、内湯:0、貸切風呂:0 ※全客室に露天風呂完備
泉質	硫酸塩泉

1. 竹をふんだんに使用した和モダンながら静謐な室内　2. 素材にこだわった京懐石。お米マイスターがブレンドするご飯も自慢　3. 部屋の露天風呂から眺める仙石原の絶景

おこもり宿で プライベートステイ

好きなときに湯浴みが楽しめる究極の癒やし空間を提供する湯宿。人の目を気にせずゆったり過ごしたい。

和の情緒と快適性が融合 温泉旅館でアートを体感

界 仙石原
かい せんごくはら

アトリエ温泉旅館をコンセプトに、滞在客のアート心をくすぐる演出を施す。美しい器でいただく会席料理もそのひとつ。客室は全室露天風呂付きで、琉球畳の間とベッドを配した快適な和洋室。

HOTEL DATA

☎050-3134-8092(界予約センター)
仙石原 MAP 付録P.4 C-3
所箱根町仙石原817-359 交箱根登山鉄道・強羅駅から車で15分 P16台 in15:00
out12:00 室16室 予約1泊2食付6万1000円～

1. 客室露天風呂で高原風景を満喫
2. 山海の高級食材を焼き石で味わう春夏の特別会席　3. 本館客室「仙石原アトリエの間」。地元ガラス作家の手がけたランプがやさしく灯る

温泉 DATA

風呂数	露天風呂:2、内湯:4、貸切風呂:0 ※全客室に露天風呂完備
泉質	塩化物泉

二十四節気の機微を感じる 大人のために用意された別邸

雪月花別邸 翠雲
せつげつかべってい すいうん

自然豊かな中庭や川のせせらぎに包まれたハイクラスの強羅の湯宿。館内は全館畳敷きで、和と洋の客室すべてにベッドと天然温泉露天風呂を備え、無料の3つの貸切露天風呂でも湯浴みが満喫できる。客室内の冷蔵庫やラウンジのドリンクがサービスで付くなど、もてなしもワンランク上。

HOTEL DATA

☎0460-85-5489(箱根予約センター)
強羅 MAP 付録P.16 B-1
所箱根町強羅1300-61 交箱根登山鉄道・強羅駅から徒歩5分(季の湯 雪月花から無料送迎あり)
P14台(満車時は近隣コインパーキングを無料で案内) in14:00 out11:00 室43室
予約1泊2食付3万2000円～

温泉 DATA

風呂数	露天風呂:2、内湯:0、貸切風呂:3 ※全客室に天然温泉露天風呂完備
泉質	炭酸水素塩泉

1.4つのベッドと畳のリビングを備えた客室「和フォース」　2.繊細な盛り付けが美しい季節の和食会席。料理の一部を3種から選択できる 3.強羅の湯宿「季の湯 雪月花」の別邸 4.広々した客室露天風呂。湯に浸かりながら強羅の自然を満喫。各種貸切風呂も用意されている

森に抱かれたテラスの露天風呂
自家源泉「金色の湯」に浸かる

金乃竹 塔ノ澤
きんのたけ とうのさわ

宿専用の吊り橋を渡って森に入ると、「金乃竹 塔ノ澤」の開放感に満ちた建物が現れる。緑に溶け込む風情はまるで大人の桃源郷。8タイプ全23室のテラスには露天風呂を備え、宿の源泉井戸から湧く名湯「金色の湯」を楽しめる。湯上がりのクールダウンにいい、贅沢なテラスベッドも。

HOTEL DATA

☎0460-85-9800
塔之沢 **MAP** 付録P.10 C-2
🏠箱根町塔ノ沢191 🚃箱根登山鉄道・箱根湯本駅から車で5分(箱根湯本駅から乗り合いシャトルバスあり、有料) **P**50台
in15:00 **out**11:00 **室**23室
予算1泊2食付4万6000円〜

温泉 DATA

風呂数 露天風呂:0、内湯:0、貸切風呂:0 ※全客室に露天風呂完備 　**泉質** 単純温泉(低張性、弱アルカリ性、高温泉)

1.2階と4階の客室の露天風呂は青森ヒバを使った木製の浴槽で穏やかな趣　2.美肌効果などを期待できる「金色の湯」をかけ流しで提供　3.1階客室の露天風呂は御影石の浴槽。塔ノ沢の自然をすぐ近くに感じられる　4.ダイニングでいただく夕食は、京都の料亭で腕をふるった料理長が作る懐石料理のコース

温泉 DATA

風呂数 露天風呂:2、内湯:0、貸切風呂:0
※全客室に露天風呂完備
泉質 単純温泉、塩化物泉

1.バリの石や南国風の植物が異国を感じさせるバリ風大浴場　2.相模湾で獲れた鮮魚など、地産地消にこだわった料理を提供する　3.広々としたテラスに設けられた客室露天風呂。箱根連山の雄大な眺めが広がる　4.カラフルな熱帯魚の泳ぐ水槽に囲まれたアクアリウムバー。抑えた照明が幻想的な雰囲気

異国情緒と和の落ち着きに
心安らぐリゾート温泉旅館

箱根 藍瑠
はこね あいる

全館畳敷きの館内は随所にバリ風のインテリアで飾られ、非日常的なリゾート空間が広がる。すべての客室に設けた温泉露天風呂からは、箱根連山の絶景を一望のもとに。南国調インテリアのバリ風大浴場、熱帯魚の泳ぐ水槽に囲まれた幻想的なバーなど、癒やしと安らぎの場を提供。

HOTEL DATA

☎0460-85-3300
箱根湯本 **MAP** 付録P.11 D-3
🏠箱根町湯本499-1 🚃箱根登山鉄道・箱根湯本駅から徒歩7分(箱根湯本駅から湯本旅館送迎バスあり、有料) **P**15台以上
in15:00 **out**10:00 **室**15室 **予算**1泊2食付平日3万800円〜、休前日4万1800円〜

多彩な湯が待つ「箱根二十湯」

1200年以上の歴史を持つ箱根の温泉には、それぞれ成り立ちや泉質に個性あふれる温泉場が点在。

箱根の発展とともに増えていった温泉場

古くから各地に温泉が自然湧出した箱根。江戸時代には箱根湯本、塔之沢、宮ノ下、堂ヶ島、底倉、木賀、芦之湯が「箱根七湯」として知られた。姥子に加え、明治から昭和に9つの温泉が開削され「十七湯」に。現在は「二十湯」を数える。

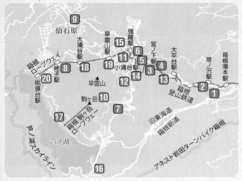

1 箱根湯本温泉 はこねゆもとおんせん
箱根湯本 **MAP** 付録 P.17 D-2
箱根最古の温泉にして最多の源泉数と湯量を誇る。無色透明・無味無臭で入浴しやすく、冷え性・肩こり・腰痛によく効くという。

2 塔之沢温泉 とうのさわおんせん
塔之沢 **MAP** 付録 P.10 C-2
成分は箱根湯本温泉とよく似る。皇女和宮が療養に訪れたことで知られ、アルカリ性の湯が肌の角質を取る「美肌の湯」でもある。

3 宮ノ下温泉 みやのしたおんせん
宮ノ下 **MAP** 付録 P.16 B-4
弱アルカリ性の湯が肌にやさしいうえ、ナトリウムや美肌効果のあるメタケイ酸を多く含むため、ここも密かに「美肌の湯」として人気。

4 堂ヶ島温泉 どうがしまおんせん
宮ノ下 **MAP** 付録 P.16 C-3
※2023年9月現在、工事中により営業している宿はなし
深い谷底の渓流沿いで、世俗の喧騒を忘れて休息できる秘境風情たっぷりな温泉。温熱効果で血行が良くなり、保温効果も高い。

5 底倉温泉 そこくらおんせん
宮ノ下 **MAP** 付録 P.9 D-2
豊臣秀吉軍の将兵が傷を癒やした温泉。江戸時代の記録には「高温で塩辛い」と記載され、また痔などによく効くことで知られた。

6 木賀温泉 きがおんせん
宮ノ下 **MAP** 付録 P.8 C-2
源頼朝の家臣・木賀善司吉成が、瀕死の病から湯に入って7日で全快したと伝わる。江戸城に献上された子宝の湯としても有名。

7 芦之湯温泉 あしのゆおんせん
芦ノ湖周辺 **MAP** 付録 P.2 C-3
昔から薬効が豊富とされ、江戸時代の温泉番付では箱根最上位に扱われた。「美肌の湯」とされることも多く、硫黄を含むのが特徴。

8 姥子温泉 うばこおんせん
芦ノ湖周辺 **MAP** 付録 P.6 C-2
金太郎の失明を全快させた伝説から眼病に効くとされ、夏目漱石も目の治療に訪れたという。箱根には珍しい弱酸性の温泉。

9 仙石原温泉 せんごくはらおんせん
仙石原 **MAP** 付録 P.5 D-3
大涌谷から引き湯している白濁湯の造成温泉と、姥子から引き湯している透明湯の造成温泉を利用した高原の温泉場。

10 湯ノ花沢温泉 ゆのはなざわおんせん
芦ノ湖周辺 **MAP** 付録 P.13 F-1
自然湧出から生じる湯の花が名物だった。現在は造成温泉を使用しており、弱酸性で乳白色の湯は特に皮膚病に効能が見込める。

11 強羅温泉 ごうらおんせん
強羅 **MAP** 付録 P.16 A-2
早雲山・大涌谷の引き湯から始まったが、戦後に次々と源泉を掘り当てたことで、多彩な泉質が楽しめる箱根有数の温泉場に発展。

12 小涌谷温泉 こわきだにおんせん
小涌谷 **MAP** 付録 P.8 C-3
当初は引き湯のみだったが、戦後の開発で大きく発展し、現在は湯量豊富な源泉も多数。湯は美肌効果があり、また湯冷めしにくい。

13 大平台温泉 おおひらだいおんせん
大平台 **MAP** 付録 P.9 F-3
戦前に温泉掘削に失敗したため戦後は引き湯で開発されたが、昭和38年(1963)に湧出に成功。温まりやすく湯冷めしにくい温泉だ。

14 二ノ平温泉 にのたいらおんせん
小涌谷 **MAP** 付録 P.8 C-2
昭和28年(1953)に温泉開発を開始。一般住宅が多く温泉場らしからぬ雰囲気だが、成分豊かな「美肌の湯」が楽しめる穴場的温泉。

15 宮城野温泉 みやぎのおんせん
強羅 **MAP** 付録 P.8 C-1
昭和27年(1952)に温泉掘削が成功し湧出。湯に硫酸イオンを多く含むことから、切り傷ややけどに特に効能があるとされる。

16 芦ノ湖温泉 あしのこおんせん
芦ノ湖周辺 **MAP** 付録 P.14 B-4
芦ノ湖の引き湯と湯ノ花沢の火山性蒸気による造成温泉だが、小田急 山のホテル(P.128)のみ平成16年(2006)湧出の自家源泉。

17 蛸川温泉 たこがわおんせん
芦ノ湖周辺 **MAP** 付録 P.12 B-3
1993年に芦ノ湖温泉から区分された、十七湯で最も新しい温泉。主に箱根園(P.54)内の施設で使用されている。

18 大涌谷温泉 おおわくだにおんせん
大涌谷 **MAP** 付録 P.7 E-3
硫黄を含む乳白濁・酸性のにごり湯が、仙石原や強羅に引かれる。

19 早雲山温泉 そううんざんおんせん
強羅 **MAP** 付録 P.8 A-2
大雄山最乗寺別院境内に湧出。平成17年(2005)より休業中。

20 湖尻温泉 こじりおんせん
芦ノ湖周辺 **MAP** 付録 P.6 B-3
代表的なのは、箱根高原ホテルの茶色く炭酸の多い自家源泉。

歩く・観る

❖

大自然の迫力もあり、
別荘族を魅了する心地よさがあり、
外国人にも愛された
ハイカラな建物がある。
万人を癒やしてくれる湯量豊富な温泉は
観光の要。その空気感にふれたくて、
また箱根に足を運んでしまう。

山に囲まれた
グローバルな
温泉リゾート

リゾート箱根はこの街で誕生した

宮ノ下
みやのした

古くから温泉地として開発され、江戸時代には大名や豪商が訪れ、明治時代に富士屋ホテルが開業すると、外国人の滞在者が増加。国際的リゾートとして発展した箱根でも稀有なエリア。

↑富士屋ホテル「花御殿」。赤い高欄付きのバルコニーが印象的な外観は、箱根・宮ノ下のシンボル的な存在

ゆっくり歩いて明治〜昭和を探す
当時から続く店をのぞくのも楽しい

　宮ノ下の街には、どこか洗練された雰囲気がある。横浜開港後、ことに富士屋ホテル開業以降は富裕な外国人旅行者たちのために発展してきた側面もあり、今なお当時から営業を続ける商店が多いせいかもしれない。

　富士屋ホテルの名が世界に轟いたのは明治時代。江戸時代から続く老舗、奈良屋旅館と協定を結び、奈良屋を日本人専用、富士屋を外国人専用ホテルとしたことに始まる（P.84）。

　街を歩いてみればチェンバレンが散歩した道があり、ヘレン・ケラーやジョン・レノンがポートレートを撮影した写真店がある。また、外国人が古伊万里や浮世絵を所望したことから数多くの骨董品店が開業し、いまや日本人も含む世界中のアンティーク・ファン垂涎の存在となった店もある。

↑富士屋ホテルのバス待合所跡の建物が、現在は Café de motonami（P.118）として利用されている

↑箱根湯本駅から箱根登山鉄道で約30分の宮ノ下駅。レトロな雰囲気の駅舎が旅情を誘う

箱根を代表する老舗ホテル

富士屋ホテル ➡ P.31/P.84

ふじやホテル

MAP 付録P.16A-3

明治期の創業以来、リゾート地・箱根を象徴するホテル。2020年7月15日にリニューアルオープン。

チェンバレンの散歩道

チェンバレンのさんぽみち

宮ノ下から木賀温泉まで続く、早川沿いの遊歩道。日本の旅行案内書を編集するために富士屋ホテルに滞在したチェンバレンが歩いた道。

MAP 付録P.16C-3

◆緑豊かな遊歩道は、全部歩くと約1時間

◆早川に架かる橋を渡る

宮ノ下

◆強羅

138

R H 菊華荘 P.109/P.125

P.44 **La Bazza** R

宮の下

P.45/P.117 渡邊ベーカリー C S

P.111 豊島豆腐店 S

P.45 鮨みやふじ R

常泉寺卍

P.42/P.120 S 川辺光栄堂

明星館

P.116 S ベーカリー＆スイーツ"PICOT"

C Café de motonami P.118

セピア通り

富士屋ホテル ★ P.31/P.83/P.84

P.42 嶋写真店 ★

H エクシブ箱根離宮

宮ノ下温泉

R いろり家 P.45

熊野神社 ⛩

宮ノ下温泉 ♨

箱根光喜號 S P.43

宮ノ下温泉局

宮ノ下観光案内所

ソラ アンナ R i P.107

H 箱根吟遊 P.131

◆小涌谷

★ 箱根登山電車（箱根登山鉄道） P.26/P.66

宮ノ下駅

P.44 森メシ R

P.43 NARAYA CAFE C

N

0 ——— 50m

街歩きのポイント

街歩きの拠点は箱根登山鉄道・宮ノ下駅。ショップめぐりをするなら宮ノ下駅から国道1号、別名セピア通りに沿って富士屋ホテル方面へ

国道を離れて裏道に入れば自然の緑のなかで散策が楽しめる

地名の由来になっている温泉

宮ノ下温泉

みやのしたおんせん

MAP 付録P.16B-4

熊野神社下の台地に開けた温泉で、箱根七湯のひとつ。

セピア通り

セピアどおり

街のメインストリートでもある国道1号。老舗に加え、質の高いレストランなどが並ぶ。

MAP 付録P.16B-3

◆古い商店の建物が点在し、懐かしい雰囲気

宮ノ下のレトロなお店

古き良き時代が薫る おみやげ

日本の古美術や価値のある骨董など、
外国人客が多かった宮ノ下ならではの店が並ぶ。

嶋写真店
しましゃしんてん
MAP 付録P.16 B-3

歴史上の人物気分で
セピア色の写真を撮影

明治11年(1878)創業。ジョ
ン・レノンやヘレン・ケラー
など錚々たる人物を撮影して
きた歴史的な写真館だ。

☎0460-82-3329
所箱根町宮ノ下372
営10:00〜18:00　休不定休
交箱根登山鉄道・宮ノ下駅から徒
歩5分　Pなし

⤴古くから箱根を訪れる著名人の記念写真を撮り続けてきた

⤴ セピア写真はキャビネサイズで
5500円〜。約3週間後に発送される

⤴古い写真が展示されている

⤴歴史を物語る看板にも注目したい

川辺光栄堂
かわべこうえいどう
MAP 付録P.16 B-3

創業は明治12年(1879)
レトロな缶も人気の理由

小麦、白玉粉、砂糖、食塩、植
物油とシンプルな材料を地元の
水で仕上げた鑛泉煎餅は懐かし
い味わい。

☎0460-82-2015
所箱根町宮ノ下184
営9:30〜16:00(季節により異なる)
休月・水曜　交箱根登山鉄道・宮ノ下
駅から徒歩6分　Pなし

⤵鑛泉煎餅
1300円(14
枚入り)

⤴和菓子店として創業。懐かしい味、レトロなパッケージが人気

箱根光喜號

はこねこうきごう
MAP 付録P.16 B-4

ベルギー・レースの
アクセサリーが素敵

ヴィンテージのジュエリー
や服、マイセンなどの焼物
が充実。ベルギー・レース・
アクセのファンも多い。

☎0460-82-5776
所箱根町宮ノ下379
営11:00～17:00 休火曜、不
定休 交箱根登山鉄道・宮ノ下
駅から徒歩5分 Pなし

↑赤い縁取りがおしゃれな
店舗の入口

↑一点もののジュエリーなど魅力あふれる商品が並ぶ

↑ダイアン・クライス作、レース
のアクセサリー1万7000円～

ショップ併設のレトロなカフェ

老舗の名旅館、奈良屋旅館は廃業したが、
その雰囲気を残したカフェが人気を呼んでいる。

NARAYA CAFE

ナラヤ カフェ
MAP 付録P.16 C-4

宮ノ下のDNA色濃く
街とともに進化するカフェ

店主のルーツ、奈良屋旅館の寮
を改装したカフェ。足湯やギャ
ラリーを備えた開放的な造りで、
奥のテラスからの眺望も素敵。

☎0460-82-1259
所箱根町宮ノ下404-13
営10:30～17:00 休水曜、第4木曜
交箱根登山鉄道・宮ノ下駅から徒歩
1分 P5台

↑店主夫妻や友人が自ら改装
して誕生したカフェ

注目ポイント

カフェ利用者に
足湯を無料開放

もとは300年の歴史を築い
た旅館のため、奈良屋旅館
時代からの自家源泉を利用
したかけ流しの足湯がある。

↑↓ロゴを模したならやん最中と抹茶
のセット800円

↑窯焼きピッツァも大人気

4

宮ノ下のランチタイム

自慢の味をいただきます

昔から親しまれている老舗の名物メニューや、地元の素材にこだわる食事処。
味にうるさい観光客を満足させる店を厳選。

↑アイスクリームやドリンクの
テイクアウト利用もOK

駅前の崖に建つ食堂
眼前に広がる絶景も自慢

森メシ
もりメシ

MAP 付録P.16 C-4

地元食材を使ったメニューが充実。宮ノ下を盛り上げるきっかけになればと駅前の古民家を改装してオープン。海外で買い付けたテーブルや椅子もかわいらしく、気軽な雰囲気で心地よい。

☎0460-83-8886
🏠箱根町宮ノ下404-13 🕐11:30～15:00
(LO14:30) 17:00～21:30(LO20:30) 🈺不
定休 🚃箱根登山鉄道・宮ノ下駅からすぐ
🅿なし

予約	可
予算	Ⓛ1500円～
	Ⓓ3000円～

あじ彩丼（お椀、小鉢、お新香付き）
1600円
相模湾の地アジのたたき、大根とキュウリの刻み野菜に刻みしば漬を合わせた丼は、人気の定番メニュー

おまかせおでん5品盛り
1450円
煮干し、宗田ガツオの混合だしを使用したおでん。大根、たまご、しらたきなどの定番種のほか、トマトや牡蠣といった変わり種も用意

素材を生かしたイタリアンを
肩肘張らずリーズナブルに

La Bazza
ラ バッツァ

MAP 付録P.16A-3

箱根の名門ホテルで料理長を務めたシェフが腕をふるう。素材の旨みを引き出す極めてていねいな調理で別荘族や地元の人に愛され続ける。なかでもパスタ料理が人気で、5種から選べるパスタランチ1450円はお得。

☎0460-87-9223
🏠箱根町宮ノ下344 🕐11:00～16:00
(LO15:00) 17:30～20:00(LO) 🈺火・水曜
🚃箱根登山鉄道・宮ノ下駅から徒歩8分
🅿6台

予約	要
予算	Ⓛ2000円～
	Ⓓ3500円～

ランチコース
1950円
魚と肉からメインを1品選ぶ。セットのパンには自家製バターをたっぷりつけて

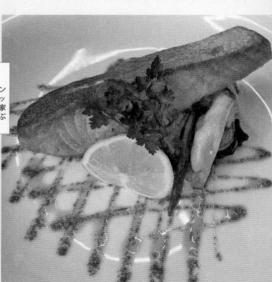

↑銀行を改装した昭和の面影が残る店構え

↑開放感のあるカフェのような雰囲気の店内

明治時代から続く老舗で
箱根名物のパンを味わう

渡邊ベーカリー
わたなべベーカリー

MAP 付録P.16A-3

創業130年の歴史ある老舗の
パン屋。人気は箱根駅伝で振
る舞われる「温泉シチューパ
ン」。イートインコーナーで作
りたてが食べられる。ほかに
も箱根らしいユニークなパン
が揃う。

➡ **P.117**

↑開店直後から多くの人で
賑わう

| 予約 | 不可 |
| 予算 | Ⓛ1000円〜 |

足柄牛のステーキ丼
ロース2200円、
ランプ1800円
足柄の豊かな自然のなか
で育った足柄牛を、バ
ターを使用せずに調理し
たヘルシーなステーキ丼

温泉シチューパン
748円
丸く成形したフランス
パンに自家製ビーフシ
チューを入れたあつあ
つの看板メニュー

アワビや足柄牛などの高級食材が
手ごろな料金でいただける

いろり家
いろりや

予約	可
予算	Ⓛ1800円〜
	Ⓓ3000円〜

MAP 付録P.16A-4

日本酒や各種焼酎などが揃い、地元産
の食材を使った家庭的なつまみが人気
の居酒屋だが、ランチメニューも見逃
せない。足柄牛のステーキ丼のほか、
肉厚のアワビがのった鮑丼が味わえる。

↑ゆったりと和める空間

☎0460-82-3831
㊤箱根町宮ノ下296
🕐11:30〜13:30(LO) 18:00
〜21:30(LO) 🚫木曜 🚃箱
根登山鉄道・宮ノ下駅から徒
歩15分 🅿3台

相模湾に揚がるアジを使った
絶品丼に行列が絶えない

鮨みやふじ
すしみやふじ

予約	不可
予算	Ⓛ1650円〜
	Ⓓ2500円〜

MAP 付録P.16A-3

一般的な握りもおいしいが、特にお
すすめなのが元祖アジ丼。トロのス
キ身と小田原の梅肉、シソを加えた
みやふじ巻もおいしく、アジ丼、ト
ロタク巻とのセットのファンも多い。

☎0460-82-2139
㊤箱根町宮ノ下310 🕐11:30〜15:00
(LO14:30) 17:30〜20:00(LO19:30)
🚫月〜木曜 🚃箱根登山鉄道・宮ノ下駅から
徒歩7分 🅿あり

元祖アジ丼 1870円
プリプリとしたアジは脂が
のって、臭みはまったくな
い。ふんだんな旨みをさら
に引き出す絶妙なオリジナ
ルのタレが絡んで、どんど
んご飯がすすむ

↑店主夫妻の温かい接客も人気の理由

↑昭和38年（1963）創業の老舗

↑トロタク巻と、オリジナルのみやふじ巻

49

アミューズメント施設の温泉で遊ぶ

小涌谷
こわくだに

小涌谷温泉が湧出するエリアで、箱根登山鉄道の駅がある。箱根小涌園ユネッサン、蓬莱園といったおでかけスポットを目指して観光客が集まる。

箱根小涌園オープンで活気あるエリアに

大地獄と呼ばれた大涌谷(P.64)に対し、火山性の蒸気が立ちのぼる景観が小地獄と呼ばれたエリア。別荘地として開発されたが、箱根小涌園の建設、温泉の採掘によって様変わり。温泉テーマパークの箱根小涌園ユネッサンを中心に、家族連れに人気の観光地に。

↑ユネッサン屋外エリアの一番人気は大迫力のウォータースライダー「ロデオマウンテン」。童心に返って急流を滑り降りるスリルを味わってみよう

変わり湯で癒やされる、楽しく遊べる温泉

箱根小涌園ユネッサン
はこねこわきえんユネッサン

MAP 付録P.8 B-3

ほかでは味わえない温泉の楽しみが、これでもかと詰まったアミューズメントパーク。変わり湯のはしごをして、温泉効果でリラックスした一日を過ごしたい。

老若男女が楽しめる温泉アミューズメントパーク

全天候型スパ施設で、水着着用エリアのユネッサンと裸エリアの森の湯に分かれている。ユネッサンには天井に地中海の空が描かれた「神々のエーゲ海」を中心にユニークな風呂が満載。本物のコーヒーやワインの投入パフォーマンスなども行われる。森の湯は大庭園の露天風呂があり静かにくつろげる。オフィシャルホテルを利用してのんびり過ごすのもおすすめだ。

☎0460-82-4126 ㊙箱根町二ノ平1297 ㊜ユネッサン10:00〜18:00(土・日曜、祝日9:00〜19:00、最終入場1時間前)、元湯森の湯11:00〜20:00(最終入場30分前) ㊡不定休 ㊟ユネッサン2500円、元湯森の湯1500円 ㊟小涌園バス停からすぐ ㋟510台(有料)

館内 information

手ぶらで行っても安心
館内着の上下セット、タオルは有料で貸し出してくれる。レンタル水着もあるので安心だ。シャンプーやドライヤーなど備品も充実している。

便利なリストバンド
入館時にもらうリストバンドを持っていれば、館内はキャッシュレスで過ごせる。バーコードをかざすだけで飲食でき、水着のレンタルなどが利用可能。

休憩室＆マッサージ
広々とした無料の休憩室や、有料だが周りを気にせず過ごせる個室の休憩室がある。アロママッサージや指圧マッサージで疲れを癒やすのもおすすめだ。

館内のグルメ＆おみやげをチェック

寿司としゃぶしゃぶくましろ
すしとしゃぶしゃぶくましろ

ユネッサン5階にある和食処。ランチタイムの種類豊富な贅沢昼御膳や、ディナービュッフェ(写真)がおすすめ。
☎11:00〜15:30 17:00〜19:30 ㊡水曜

焼肉 然
やきにくぜん

ユネッサン入場エリア外3階。希少「箱根西麓和牛」が味わえる。沼津の人気店「黄金トマトのカル麺」のラーメンも人気。
☎11:30〜14:00 17:00〜21:00 ㊡施設に準ずる

ミーオモール

ユネッサン3階にあるショッピングモール。オリジナルグッズや箱根みやげなどを品数豊富に取り扱う。
☎10:00〜18:00 ㊡施設に準ずる

ユネッサン〈水着エリア〉

家族や仲間と楽しめる温泉アミューズメント

箱根の山々を眺めながら温泉が楽しめる屋外エリアと全天候対応のドーム型の屋内エリアがあり、いずれも水着着用。趣向を凝らしたユニークな風呂が勢揃い。

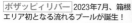
ボザッピィリバー 2023年7月、箱根エリア初となる流れるプールが誕生！

ワイン風呂 古代から美肌に効果があるとされ、若返りの湯としてとしても知られる

神々のエーゲ海 ドーム型の天井に青い空が描かれた、地中海をモチーフにした大型スパ

酒風呂 温泉とお酒で体が芯から温まる。ほのかにお酒の香りが漂い、ほろ酔い気分に

本格コーヒー風呂 温泉で低温抽出したコーヒー風呂。リラックス効果が期待できる

ドクターフィッシュの足湯 ドクターフィッシュが古い角質をついばんでくれる。1回5分300円

日帰り温泉 箱根小涌園 元湯 森の湯〈裸エリア〉

箱根の自然を感じられる開放感あふれる露天風呂

箱根の大自然に囲まれた露天風呂が自慢。信楽焼でできた陶器風呂やごろりと横になれる寝湯、ドライサウナなど、さまざまなお風呂でくつろげる。

⤴箱根外輪山を望む庭園露天風呂。夜はライトアップされ情緒豊かな雰囲気に

⤴大きな窓からは箱根の山々が眺められる内湯

⤴気兼ねなく湯浴みが楽しめる貸切風呂

箱根小涌園 天悠

はこねこわきえん てんゆう

箱根の中心に位置する、全室温泉露天風呂付きのラグジュアリーな温泉旅館。遮るもののない高台に位置するため、客室や大浴場から箱根外輪山や深い渓谷の自然美を堪能できる。

MAP 付録P.8 B-3

☎0465-20-0260 所箱根町二ノ平1297
交天悠バス停からすぐ（箱根登山鉄道・強羅駅から無料送迎あり）P75台
in15:00 out11:00 室150室
料1泊2食付3万3150円〜

⤴空に溶け込むような6階大浴場「浮雲の湯」の露天風呂。男女日替わりで利用

⤴信楽焼の浴槽で自家源泉の温泉露天風呂をプライベートに楽しめる

ユネッサンからひと足延ばして

千条の滝

ちすじのたき

MAP 付録P.8 C-4

ユネッサンから歩いて約15分でたどり着く景勝地。蛇骨川の上流に位置する高さ約3m、幅約20mの滝で、苔むした岩肌を幾筋もの水が流れ落ちる光景は風趣満点。秋には周辺を紅葉が彩る。

☎0460-85-5700（箱根町総合観光案内所）
所箱根町小涌谷 休料散策自由
交蓬莱園バス停から徒歩10分 Pなし

⤴幾筋にも分かれて落ちる滝の風景が味わい満点。お手ごろな緑の散策スポット

箱根を代表する温泉観光地

強羅 ごうら

別荘地として開発され、やがてワンランク上の温泉宿が並ぶ観光地へと発展。箱根登山鉄道や箱根登山ケーブルカーの拠点でアクセスもよい。

↑緑豊かな箱根強羅公園の中心にある噴水池

洗練された高級温泉宿が立ち並ぶ

早雲山、大涌谷からの引湯工事が終了すると、強羅温泉は、温泉付き高級別荘地として開発が始まり、政財界の人々や文人たちがこの地を訪れるようになる。フランス式整型庭園の箱根強羅公園が開園、箱根登山鉄道が開通と開発が進み、源泉の採掘に成功したのは昭和24年(1949)。現在は洗練された高級温泉宿が軒を連ね、温泉観光地としての賑わいをみせる。

↑秋には美しい紅葉が楽しめる

花を愛で、工芸を体験

箱根強羅公園
はこねごうらこうえん

MAP 付録 P.16 B-2

春夏秋冬、どの季節に行っても色とりどりの花が迎えてくれる園内で、陶器や吹きガラスなどのオリジナル作品を心ゆくまで作り、記念に持ち帰りたい。

四季折々の花が楽しめる日本初のフランス式整型庭園

↑珍しい品種を多数展示する、6月のアジサイ展。箱根強羅公園では一年を通して、花の展示・即売会など、さまざまな催しがある

大正3年(1914)、上流階級の保養施設として開園した歴史ある公園。シンメトリックな噴水池などが配されたフランス式整型庭園で、かつては日本庭園も有していたが、その敷地は現在、箱根美術館となっている。岩の多い山の斜面に造られているため、不思議な形をした岩があちこちで見られ、麓の正門と山上の西門で気温も異なることもある。園内にはローズガーデンや熱帯植物館と体験工芸施設、カフェなどがあり、季節を問わず美しい花とものづくりが楽しめる。

☎0460-82-2825
⬛箱根町強羅1300 🕘9:00～17:00(最終入園16:30) ❌無休(メンテナンス休業あり) 💴550円、小学生以下無料 🚃箱根登山ケーブルカー・公園下駅から徒歩2分 🅿43台(有料)

箱根強羅公園

公園上駅
西門 箱根美術館・強羅公園
斎藤茂吉歌碑
藤棚
ローズガーデン
ヒマラヤ杉
Cafe Pic
噴水
白雲洞茶苑
一色堂茶廊
とんぼ玉工作堂
イベント館
箱根クラフトハウス
本館
熱帯植物館
ポタリエ
みやげ店
ブーゲンビレア館
正門
公園下駅

🌸 桜　🌸 シャクナゲ　🌺 バラ　🍁 モミジ
🌼 ボタン　🌷 ツツジ　🔷 アジサイ

季節の花をたどってのんびり散歩

春は桜に始まりシャクナゲ、ツツジ、バラと一年でいちばん華やぐ。
夏はアジサイ、秋は紅葉、冬は温室の熱帯植物などが楽しめる。

花カレンダー

花名/月	桜	シャクナゲ	ツツジ	バラ	アジサイ	モミジ
1						
2						
3	3月中旬～4月上旬			5月下旬～6月下旬		10月下旬～11月中旬
4		4月中旬～5月中旬	4月下旬～5月中旬			
5					6月中旬～7月上旬	
6				10月中旬～11月上旬		
7						
8						
9						
10						
11						
12						

ローズガーデン
約200品種、1000株のバラが芳醇な香りとともに咲く。春と秋が見頃

ブーゲンビレア館
国内最古といわれるブーゲンビレアが見られるほか、ハイビスカスなど南国の花が咲き乱れる

世界にひとつだけのものづくり

陶芸やガラスアート、とんぼ玉など、暮らしに彩りを添える作品を、思いのままに作ってみたい。

気軽で多彩な体験工芸館
箱根クラフトハウス
はこねクラフトハウス

吹きガラス、陶芸、とんぼ玉、サンドブラストレーザー彫刻体験などが楽しめる体験施設。ショップとギャラリーを併設しており、クラフト作品のほか雑貨やおみやげの購入もできる。

☎0460-82-9210 ⏰10:00～17:00(体験により異なる)
休無休(メンテナンス休業あり)
料体験により異なる

ヴィンテージビーズ体験
ヴィンテージビーズをメインにラッキーチャームと組み合わせてブレスレットやピアスなどオリジナルのアクセサリーが作れる

吹きガラス体験
色ガラスを付けて、好きな模様に作ることができる

Cafe Pic
カフェ ピック

手作りカレーが絶品

テラス席が広々としていて眼前に噴水が望める。おすすめは考え抜かれたレシピとていねいな調理がうかがわれるカレーが人気。

☎0460-82-2825 ⏰10:00～16:00(LO15:30) 休無休(メンテナンス休業あり)

古い洋館を思わせる重厚なお店

園内のゴロゴロ岩をイメージした野菜入り強羅園カレー1078円

一色堂茶廊
いっしきどうさろう

緑豊かな洋館で極上サンド

ランチにぴったりのサンドイッチ専門店。和牛ローストビーフサンドや濃密アボカドサンドと、こだわりの上質サンドイッチが味わえる。

☎0460-83-8840 ⏰10:00～16:00(LO15:30) 休無休(メンテナンス休業あり)

燻製鶏ハムサンド1320円

ブルガリア産バラのダマスクローズジュース880円

アフタヌーンティー2530円～(季節により変更あり)

箱根強羅公園の緑に囲まれた洋館。テラス席も心地いい

大きな窓とトップライトで自然光がやさしい店内

芦ノ湖周辺

あしのこしゅうへん
MAP 付録 P.12 B-4

観光船や水陸両用バスに乗ったり、湖畔の
カフェでくつろいだり、楽しみ方は多彩。歴
史スポットを訪れるのもおすすめだ。

神秘の湖をクルーズ

芦ノ湖遊覧
大自然とともに史跡も豊富な芦ノ湖。
観光船のクルーズを楽しみたい。

自然の景観に恵まれた
リゾートエリア

　芦ノ湖は、約3000年前、箱根山の
最高峰・神山の大爆発によって誕生し
た堰止湖。箱根の山々と湖畔にたた
ずむ赤い鳥居、遠くに富士山を仰ぐ風
景は箱根の象徴的な絶景だ。
　大型の観光船が行き交う芦ノ湖は、
箱根観光のハイライト。周辺には箱根
関所、箱根神社など歴史にふれるスポッ
トや、観光船やロープウェイなどの乗り
物、眺め自慢のカフェやレストランなど、
さまざまな施設が揃う。湖の西側には、
芦ノ湖スカイラインが貫き、快適なドラ
イブが楽しめる。

箱根海賊船

はこねかいぞくせん

MAP 付録 P.14 A-4(箱根町港)／
付録 P.14 B-3(元箱根港)／付録 P.6 A-3(桃源台港)

個性的な3隻から選ぶ海賊船は
冒険気分の芦ノ湖のシンボル

豪華で色鮮やかな3隻の海賊船が運航。カラ
フルな外観も船内の装飾もそれぞれ異なるの
で、1区間ずつ乗り比べてみると楽しい。箱
根町港・元箱根港から対岸の桃源台港までは
片道約25〜35分。展望台からの眺めが素晴ら
しく、別料金で利用できる特別船室も備える。

☎0460-83-6325(運航部)
所箱根町箱根161(箱根町港)
営9:30〜17:00(季節・港により異なる)
休無休(悪天候時は運休の場合あり)
交箱根町バス停からすぐ(箱根町港)　P120台(箱根町港)

航路＆運賃

箱根関所に近い箱根町、ロープウェ
イの乗り継ぎに便利な桃源台、箱根
神社などの旧跡に近い元箱根の3つの
港を結ぶ。12/1〜3/19は減便される
ので注意。

運賃＆所要時間早見表		
箱根町港	420円	1200円(2220円)
	240円	800円(1480円)
	10分	25分
元箱根港		1200円(2220円)
		800円(1480円)
		25分
		桃源台港

運賃(往復料金)
特別船室料金(往復料金)
※特別船室利用の場合、別途料金がかかります
直行便の所要時間

箱根町港の休憩スポット

茶屋本陣 畔屋
ちゃやほんじん ほとりや

箱根旧街道 **MAP** 付録P.14A-4

芦ノ湖の四季折々の景色を眺めながら、おみやげ探しや、カフェ、ランチが楽しめる。

☎0460-83-6711 所箱根町箱根161-1 営9:30〜17:00 休不定休 交箱根町バス停からすぐ P8台

cafe KOMON 湖紋
カフェこもん

2階にある和モダンカフェ。「国産牛のひつまぶし」や体験型スイーツ「手づつみ大福」など、オリジナリティ豊かなメニューを取り揃えている。

営10:00〜16:00（食事LO15:30）休不定休

⬆湖上の海賊船が見える

⬆新作の体験型スイーツ「手づつみ大福」が人気！

⬆「七福だんご」1848円

注目ポイント

お気に入りの海賊船で芦ノ湖をクルーズ

ロワイヤルⅡ
18世紀にフランス艦隊で活躍した戦艦がモデル。内外の装飾からフランス文化を感じられる。

ビクトリー
18世紀のイギリスで活躍し、記念艦として展示されている戦艦がモデルになっている。

クイーン芦ノ湖
"心ときめくクルーズ"をコンセプトとした上質で温かみのあるデザイン。黄金色の船体が特徴。

豪華な船内の装飾

外観はもちろん、船内の装飾も見どころたっぷり。非日常空間を楽しもう。

⬆特別船室にある女王陛下の玉座はSNS映えスポット！（クイーン芦ノ湖）

⬆不思議な写真を撮影して楽しめる3Dアート（ロワイヤルⅡ）

⬆気持ちのよい風を感じながら芦ノ湖の景色と自然を楽しみたい（クイーン芦ノ湖）

⬆海賊の宝箱を発見（ビクトリー）

箱根 芦ノ湖遊覧船
はこね あしのこゆうらんせん

MAP 付録P.14A-4（箱根関所跡港）／付録P.14 B-2（元箱根港）／付録P.12 B-3（箱根園港）／付録P.6 B-4（湖尻港）

☎0460-83-6351 所箱根町元箱根45-3（元箱根港）営9:00〜16:30（季節により異なる）休無休 料定期船（片道）：箱根関所跡港〜元箱根港10分400円、箱根関所跡港〜箱根園港25分780円／周遊船：箱根関所跡港・元箱根港・箱根園港発着往復コース40分1480円 交元箱根バス停からすぐ（元箱根港）Pあり

展望デッキから360度広がる絶景は必見！

2つの船体をつないだ双胴船のため、揺れが少ない。客室からは大きな窓越しに変わりゆく湖岸の風景が広がり、すべて自由席なので座る場所によって異なる景色が眺められるのも魅力。

⬆揺れが少ないので、船酔いが心配な人におすすめ

航路

箱根関所跡、元箱根、箱根園の3カ所の港を結ぶ。定期船と湖上遊覧をして出発港に戻る周遊船があるので、行き先と目的によって使い分けたい。

※2023年10月現在、湖尻港は閉鎖中

凡例：
━━ 箱根海賊船（箱根町港〜元箱根港〜桃源台港）
┅┅ 箱根 芦ノ湖遊覧船・往復コース（箱根関所跡港・元箱根港・箱根園発発）
━━ 箱根 芦ノ湖遊覧船・定期航路（箱根関所跡港〜元箱根港〜箱根園港）

レイクビューポイント
芦ノ湖に突き出るような、視界180度のテラス席では、四季の移ろいを反映する山々と湖畔の景色に浸ることができる

開放感あふれる空間で、優雅なひととき

芦ノ湖畔の
レイクビューカフェ&レストラン

どこまでも広がる芦ノ湖を眺めながら、おいしい料理やスイーツでひと休み。

湖面に輝く光と風を感じながら
本場の味、ナポリピッツァを

La Terrazza 芦ノ湖
ラテラッツァ あしのこ

MAP 付録P.14 B-2

目の前に芦ノ湖が広がる開放的なレストラン。箱根西麓野菜、近海の鮮魚など地元で育まれた食材やイタリアから直輸入した食材を、そのものの味を生かし彩り豊かな一皿に仕立てる。落ち着いた雰囲気でゆっくりと食事が楽しめる。

1. 湖を一望するテラス席は広々として心地よい
2. 開放感あふれる店内
3. ピッツァはナポリから取り寄せた薪窯で焼かれる
4. 人気ピッツァのマルゲリータとサラダ

☎0460-83-1074
⑰箱根町元箱根61
⑱モーニング 10:30（土・日曜、祝日9:00）〜11:00 ランチ11:00〜15:30 カフェ15:30〜17:00 ディナー17:00〜20:00（LO19:30）
⑭無休（2月に休業日あり）
⑳元箱根港バス停から徒歩3分
Ⓟ18台

予約	可（ランチは不可）
予算	Ⓑ900円 Ⓛ2000円〜 Ⓓ3000円〜

レイクビューポイント
窓に面して配置されているシートは、遮るものが何もないスペシャル席

富士山と芦ノ湖の絶景が広がる
贅沢なティータイム

ティーラウンジ 季節風
ティーラウンジきせつふう

MAP 付録P.14B-3
箱根・芦ノ湖 成川美術館(P.94)内のティーラウンジ。絶景を眺めながらいただく上生菓子は企画展とのコラボレーション。また器に石井康治や三上亮の貴重な美術工芸品を用いるなど美術館ならではのおもてなしが。ラウンジへの入店には美術館の入館料が必要。

☎0460-83-6828(箱根・芦ノ湖 成川美術館)
所箱根町元箱根570 箱根・芦ノ湖 成川美術館1F 営10:00～16:30 休無休 交元箱根港バス停からすぐ P70台

予約 可
予算 1080円～

1.全長50mの一面ガラス張りの窓からは大パノラマを見渡せる 2.小田原の老舗和菓子店に特注する上生菓子 3.陽光が差し込む開放感あふれる店内でゆったりと過ごしたい

洗練された庭、湖を行き交う船
時を忘れさせる静かなラウンジ

IL LAGO
イル ラーゴ

箱根旧街道 MAP 付録P.14A-4
芦ノ湖のほとりにたたずむ、優雅な雰囲気の箱根ホテル内ティーラウンジ。美しい風景を心ゆくまで眺められる贅沢な空間で、自慢のオリジナルスイーツを堪能したい。2022年にテラス席を新設した。

☎0460-83-6311(箱根ホテル)
所箱根町箱根65 箱根ホテル
営11:00～17:00 休無休
交箱根ホテル前バス停からすぐ
P42台

1.芦ノ湖と富士山を望みながら 2.1日8名限定で提供するアフタヌーンティーセット1人4500円 3.ガラス張りのラウンジ。窓一面に湖が広がる

レイクビューポイント
季節の良い時期は、芦ノ湖の湖面が目前に迫るテラス席がおすすめだ

レイクビューポイント
縦長の店内は奥へ行くほど湖に近づく。カウンター席もおすすめ

予約 不可
予算 1000円～

芦ノ湖に浮かぶように建つ
絶好のロケーション

プレミアムショップ&
サロン・ド・テ ロザージュ

MAP 付録P.14A-2
小田急 山のホテル(P.128)直営のデザートレストラン&ショップ。1階がサロン・ド・テ ロザージュになっており、オリジナルスイーツと、ティーインストラクターがこだわり抜いた紅茶が楽しめる。

予約 不可
予算 1800円～

1.芦ノ湖からの風が吹く爽やかなテラス席が人気 2.目の前でドレッサージュする、伝統のりんごパイ 3.常に20種類以上の紅茶が用意されている

☎0460-83-6321
(小田急 山のホテル)
所箱根町元箱根80 営11:00～16:00(LO)
休無休 交元箱根港バス停から送迎バスで5分
P100台

子どもも大人も遊べる 箱根の楽園

箱根園
はこねえん

MAP 付録P.12 C-3

芦ノ湖の自然を生かした総合レジャースポット。水族館や温泉など、のんびり過ごせる多彩な施設が集まる。

見る、買う、遊ぶ、体験する すべてが揃う複合リゾート施設

水族館や動物園、陶器の絵付けや寄木細工体験コーナーのほか、レストランやショッピング施設まで揃う複合リゾート施設。天気の良い日はモーターボートや遊覧船で芦ノ湖を周遊でき、富士山を望む絶景も堪能できる。冬季は雪・そり遊び広場も登場。日帰り入浴が楽しめる「絶景日帰り温泉 龍宮殿本館」も人気がある。

☎0460-83-1151(代表)
⑰箱根町元箱根139
⊜箱根園バス停からすぐ
Ⓟ300台(有料)

◉芦ノ湖の東岸に約66万㎡の敷地を持つ箱根園

◉芦ノ湖畔から駒ヶ岳山頂に向かって広がる箱根園では、さまざまなレジャーが楽しめる

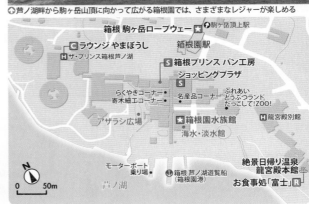

箱根 駒ヶ岳ロープウェー ★ 駒ヶ岳頂上駅
箱根園駅
Ⓛ ラウンジ やまぼうし
Ⓗ ザ・プリンス箱根芦ノ湖
Ⓢ 箱根プリンス パン工房
ショッピングプラザ Ⓢ
らくやきコーナー・
寄木細工エコーナー・
・名産品コーナー
ふれあい どうぶつランド だっこして!ZOO!
アザラシ広場
★箱根園水族館
海水・淡水館
Ⓗ 龍殿殿別館
N
0　50m
モーターボート 乗り場・
・箱根 芦ノ湖遊覧船 (箱根園港)
芦ノ湖
絶景日帰り温泉 龍宮殿本館
お食事処「富士」Ⓡ

箱根園水族館
はこねえんすいぞくかん

MAP 付録P.12 B-3

大海から湖まで 世界中の魚たちが大集合

海抜723mの日本一標高の高いところにある海水水族館で、「海水・淡水館」「アザラシ広場」の2つのスポットに分かれている。なかでも入口を入ってすぐの高さ7mのオープンエアの大水槽では、自然光にきらめく水の中をカラフルな魚たちが泳ぐ様子が見られる。また、温泉アザラシと呼ばれる、頭にはタオルを載せ、手には桶を持った「いい湯だな〜」のポーズをとる、アザラシのショーは必見。

☎0460-83-1151(箱根園) ⑱9:00〜16:30
(入館は〜16:00) ㊡無休 ㊟1500円

海水・淡水館 かいすい・たんすいかん

熱帯魚の群れ、サメやペンギン、コツメカワウソなどに会える。大水槽では、ダイバーたちが水槽の中で直接エサを与える水中ショーも毎日開催されている。

ショー 水中ショー	ショー アザラシショー
土・日曜、祝日 10:15/13:45 月〜金曜 13:45	毎日11:00/13:00

◉大人気のコツメカワウソ。握手ができるイベントが開催されることも

アザラシ広場
アザラシひろば

バイカルアザラシやゴマアザラシたちが、愛嬌たっぷりに芸を披露してくれる。

絶景日帰り温泉
龍宮殿本館
ぜっけいひがえりおんせん りゅうぐうでんほんかん
MAP 付録P.12 C-3

芦ノ湖と富士山を望む
絶景露天風呂

箱根芦ノ湖畔にたたずむ「龍宮殿本館」は、心と体を癒やす極上の絶景日帰り温泉だ。雄大な芦ノ湖の自然と一体となるようなダイナミックな景色と、富士山も同時に望むロケーションの素晴らしさが特徴。泉質はカルシウムやナトリウム、硫酸塩泉、塩化物泉。神経痛、筋肉痛、関節痛などに効果があるといわれている。箱根の旅の疲れを癒やす、上質なひとときが過ごせる。

☎0460-83-1126
🕐9:00(土曜・休日8:00)〜20:00(入館は〜19:00) 休無休 料2200円

↑芦ノ湖と富士山が見渡せる露天風呂(写真は女性用)

芦ノ湖にダイブする水陸両用バス

NINJABUS
WATER SPIDER
ニンジャバス ウォーター スパイダー

陸から湖へ豪快にダイブ！忍者が芦ノ湖の湖面を移動する姿をイメージしたアトラクション。箱根園から出発する。
MAP 付録P.12 C-3 (箱根園乗り場)
☎0460-83-1151(箱根園) 🕐9:30〜16:30 ※1日9便 休無休 料箱根園発2400円〜(約20分)※繁忙期料金あり

箱根園のおみやげ&グルメ

箱根園ならではのおみやげ選びが楽しい。芦ノ湖を眺めながらのランチやティータイムでリゾート気分倍増。

旅の記念のおみやげ探し
ショッピングプラザ

箱根園オリジナル商品のほか、箱根の名産品が揃うみやげ店。スイーツや雑貨が人気。免税店もある。
MAP 付録P.12 C-3
☎0460-83-1151
(箱根園)
🕐9:00〜16:30
休無休
↪多彩なグッズと名産品がずらり

焼きたてパンで休憩タイム
箱根プリンス パン工房
はこねプリンス パンこうぼう

焼きたてのプリンスホテル特製パンが楽しめるベーカリー。アザラシの形をしたパンや3種類のメロンパンなど多数揃う。
MAP 付録P.12 B-3
☎0460-83-1151(箱根園) 🕐11:00〜16:00 休無休

↪温泉アザラシパン180円

芦ノ湖畔で優雅な昼食
お食事処「富士」
おしょくじどころ「ふじ」

絶景日帰り温泉 龍宮殿本館の食事処(和食)。一番人気の「湯豆腐御膳」や天ぷら、そば、季節限定メニューと品揃えも豊富。
MAP 付録P.12 C-3
☎0460-83-1126(絶景日帰り温泉 龍宮殿本館) 🕐11:30〜15:30(LO15:00) 休無休

↑箱根姫の水たま肌もめん湯豆腐御膳

明るい店内でコーヒーとケーキ
ラウンジ やまぼうし

ザ・プリンス 箱根芦ノ湖本館ロビーフロアにあるラウンジ。軽食や自家製スイーツが楽しめる。
MAP 付録P.12 B-3
☎0460-83-1111(ザ・プリンス 箱根芦ノ湖)
🕐10:30〜17:00(LO16:30) 休無休

↑暖炉のある落ち着いた店内。テラス席もある
↪ケーキ750円〜。セット1500円〜

絶景を満喫しながら駒ヶ岳山頂へ

箱根園から駒ヶ岳山頂まで全長1783m。片道7分の空中散歩が楽しめる。山頂には展望台、箱根元宮があり、芦ノ湖を中心に箱根の全景と、晴れた日には北西に雄大な富士山、また遠く駿河湾から伊豆半島、伊豆七島、湘南海岸、房総半島まで大パノラマが堪能できる。

箱根 駒ヶ岳ロープウェー
はこね こまがたけロープウェー
MAP 付録P.13 D-2
☎0460-83-1151(箱根園) 🕐9:00(上り始発)〜16:50(下り最終) 休悪天候および点検時 料往復1800円

↑晴れた日の富士山は爽快
↪ゴンドラは定員101名で、20分おきに運行している

⊕正参道の石段を上って第五鳥居をくぐると、鮮やかな朱塗りの社殿が姿を現す

御社殿
ごしゃでん

本殿と幣殿、拝殿が一体となった権現造の荘厳な社殿。背後には珍しいヒメシャラの純林が広がり、すがすがしい空気に満ちている。

⊕神奈川県の名木100選に指定されている

矢立の杉
やたてのすぎ

坂上田村麻呂が表矢を献じて勝利祈願したことが名の由来。樹齢1200年とも。

1260年以上信仰を集めてきた聖地
箱根神社にお参り
(はこねじんじゃ)

凛とした空気に包まれた境内を巡り、霊験あらたかな神様のパワーを体感。参拝のあとは芦ノ湖の絶景に癒やされたい。

山の神が静かに鎮座する奈良時代創建の古社

⊕歴史ある関東総鎮守

天平宝字元年(757)、万巻上人が創建。古代から続く箱根の山岳信仰の中心地にあり、箱根大神を祀る。源頼朝や徳川家康など名だたる武将の崇敬を集めたことでも有名。老杉に囲まれた境内は神々しい雰囲気に包まれ、芦ノ湖の眺めも素晴らしい。

箱根神社
はこねじんじゃ
MAP 付録P.14A-2
☎0460-83-7123
所箱根町元箱根80-1
開休料境内自由 交元箱根バス停から徒歩10分
P200台

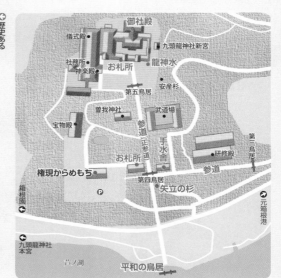

参道
さんどう

老杉が立ち並ぶ参道は神聖な雰囲気。特に、御社殿へ向かう石段が続く正参道は、厳かな気配が漂う。

⊕深緑と木洩れ日が美しい

手水舎
てみずしゃ

流れ出る水で手と口をすすいで心身を清め、神様にお参りする。

↩参拝前に心身を清める場所

お札所
おふだしょ

お札やお守りなどの授与品はここで受けられる。石段の上と下2カ所にある。

↩自分の願いにぴったりのお守りを探したい

↩龍の口から水が流れる

龍神水
りゅうじんすい

九頭龍神社新宮前に湧く霊水。口にすると一切の不浄を清めてくれるという。自由に汲んで持ち帰り可。

↩昭和27年(1952)、継宮明仁親王の立太子礼と講和条約締結を記念して建立された

平和の鳥居
へいわのとりい

芦ノ湖に立つ水上鳥居。正参道の石段下にあり、真っ青な湖と赤い鳥居のコントラストが目を引く。

立ち寄りスポット

権現からめもち
ごんげんからめもち

MAP 付録P.14A-2

箱根神社奉納品の二品、箱根の"幸せ"と"エール"を参拝記念のおみやげに、大切な人に。
☎0460-83-5122 ⏰10:00〜17:00(売り切れ次第閉店) 休不定休

↩3色のかしわ餅「大きな幸せのお福わけ」1150円

↩「神社声援」(ジンジャエール)500円

箱根神社と一緒に両社参りをしたい

九頭龍神社本宮
くずりゅうじんじゃほんぐう

MAP 付録P.12A-1

神秘的な伝承が残る龍神様を祀る神社

箱根大神の霊力を授かった万巻上人が、芦ノ湖で荒れ狂う毒龍を調伏し、九頭龍大神として祀ったのが始まり。芦ノ湖畔に鎮座する本宮のほか、箱根神社境内に新宮がある。参拝するには、本宮の月次祭(毎月13日)で運航される、専用の参拝船に乗るのが便利。

↩本宮の月次祭の様子

☎0460-83-7123(箱根神社) 🏠箱根町元箱根 箱根九頭龍の森内 ⏰9:00〜17:00 休無休 💴箱根九頭龍の森入園料600円 🚌箱根園バス停から徒歩30分 🅿なし

毎月13日は本宮の月次祭が行われる
つきなみさい

九頭龍大神に感謝の心を捧げる祭り。良縁成就のご利益があるとされ、毎月良縁を願う人たちが集まる。

❶ 参拝受付
元箱根港で8時受付開始。乗船券購入後、祈祷申込は祈祷料2000円以上納める。

❷ 参拝船に乗る
9時30分出航。約20分の芦ノ湖遊覧を楽しみ、九頭龍神社本宮近くの桟橋へ向かう。

❸ 月次祭
10時から神事が開始。祝詞(のりと)が奏上され、参拝者の名前や願い事が読み上げられる。

❹ 湖水神事
10時55分、湖畔の斎場へ移動。受付時にもらった御供(ごく)を九頭龍大神に捧げる。

❺ 弁財天社月次祭
境内の弁財天社での月次祭。参列は希望者のみで、九頭龍神社に改めてお参りしてもよい。

❻ 終了し箱根神社へ
帰りの船は2便、最終は12時10分発。箱根神社へ戻り、神札と龍神水を受け取る。

箱根ドライブ

湖の向こうに富士山が見える！高原の風を連れて

芦ノ湖を望む絶景ドライブ

スカイラインを走って、360度のパノラマビューを楽しみながら、話題のスポットを訪ねたい。

1 道の駅 箱根峠

みちのえき はこねとうげ

MAP 付録P.2 B-4

神奈川県の道の駅第1号

箱根峠にある道の駅。展望台からは芦ノ湖や箱根の山を望むことができる。箱根の伝統工芸品、寄木細工も販売。

☎0460-83-7310 ⑰箱根町箱根381-22
⊙9:00〜17:00、軽食コーナーは〜16:00（LO15:50）、駐車場・トイレ・公衆電話などは24時間 ㊡無休 ㊂小田原西ICから約20km ㋤23台

⬆交通情報も手に入る

⬆芦ノ湖の向こうには箱根の山々が連なる

ちょっと寄り道

アネスト岩田スカイラウンジ

アネストいわたスカイラウンジ

MAP 付録P.2 C-4

アネスト岩田ターンパイク箱根の箱根方面の入口にある休憩所。富士山から房総半島まで360度を見渡せる。

☎0465-23-0381 ⑰湯河原町鍛冶屋955
⊙9:30〜16:00 土・日曜、祝日8:00〜17:00 ㊡店舗により異なる（要確認）
㊂小田原西ICから約15km ㋤200台

注目ポイント

十二丁園地

じゅうにちょうえんち

箱根外輪山の周囲歩道の入口にある。道の駅より高い場所から芦ノ湖が望める。

2 三島スカイウォーク

みしまスカイウォーク

MAP 本書P.2 B-4

気分爽快！日本最長の吊橋

長さ400mの歩行者専用吊橋で、橋を往復して眺めを堪能する観光スポット。富士山や駿河湾の大パノラマが広がる。

☎055-972-0084
⑰三島市笹原新田313
⊙9:00〜17:00
㊡無休 ㊅1100円、中学・高校生500円、小学生200円
㊂小田原西ICから 約24km ㋤400台

橋のたもとに併設された施設には、展望デッキ、散策路、天井から花のシャンデリアが下がるショップ「スカイガーデン」などが整備されている。吊橋を渡った先に、アスレチック施設やロングジップスライドがあり、2020年9月にはセグウェイガイドツアーがリニューアルした

↑絶景が楽しめる眺望ポイントがいくつもある

↑標高1030mの杓子峠

↑最も見晴らしが良い三国峠

3 芦ノ湖スカイライン
あしのこスカイライン

MAP 付録P.2A-4

箱根峠から湖尻峠へ抜ける

芦ノ湖西岸の稜線に沿って延びる10.7kmの観光有料道路。大自然に囲まれて富士山の迫力ある景観が楽しめる。命の泉やメロディペーブなどの見どころも忘れずに。

☎0460-83-6361 　⚐箱根町箱根638
🕐7:00～19:00 　休無休 　料一般区間800円、特別区間100円 　🚗小田原西ICから約36km 　Ｐあり

4 箱根スカイライン
はこねスカイライン

MAP 付録P.2A-2

壮大な眺めを楽しめる快適ルート

湖尻峠から御殿場へと向かう有料道路。見晴らしの良いワインディングロードで、芦ノ湖、富士山などの絶景ドライブが楽しめる。

☎0550-87-0226 　⚐御殿場市神山
🕐8:30～17:30（季節により変動あり）
休無休 　料普通車360円
🚗小田原西ICから約25km 　Ｐあり

↑料金所前展望駐車場

↑箱根スカイライン料金所

5 箱根芦ノ湖展望公園
はこねあしのこてんぼうこうえん

MAP 付録P.2A-2

標高1005mから望む雄大な景色

箱根スカイラインの途中にある展望公園。南には芦ノ湖や箱根の街並みが広がり、振り返れば富士山が見える。

☎0550-87-0226 　⚐御殿場市神山丸嶽落合
🚗小田原西ICから約27km 　Ｐあり
↪バリアフリーで駐車場からスロープで展望公園まで行くことができる

移動時間◆約1時間20分
おすすめドライブルート

芦ノ湖と富士山を見ながらのドライブを満喫。道の駅で情報収集をしたら、今、注目の三島スカイウォークにも立ち寄って、スカイラインを疾走したい。

小田原西IC
おだわらにしインターチェンジ

⬇ アネスト岩田ターンパイク箱根、県道75号、国道1号
20km／25分

1 道の駅 箱根峠
みちのえき はこねとうげ

⬇ 国道1号
8km／10分

2 三島スカイウォーク
みしまスカイウォーク

⬇ 国道1号
8km／10分

3 芦ノ湖スカイライン
あしのこスカイライン

⬇ 芦ノ湖スカイライン
10.7km／13分

4 箱根スカイライン
はこねスカイライン

⬇ 箱根スカイライン
2.5km／3分

5 箱根芦ノ湖展望公園
はこねあしのこてんぼうこうえん

⬇ 箱根スカイライン、県道401号
12km／15分

御殿場IC
ごてんばインターチェンジ

江戸時代の大名気分でハイキング

箱根旧街道・畑宿
はこねきゅうかいどう・はたじゅく

樹齢約400年の杉並木や江戸時代に整備された石畳の道など、風情あふれるハイキングコースとして人気がある。

鬱蒼とした杉並木と石畳から江戸時代の旅人の想いが甦る

「箱根八里」の通称で知られ、江戸時代の馬子唄にも歌われた箱根旧街道は、小田原宿から箱根芦ノ湖畔までの上り4里と、三島宿までの下り4里を合わせた街道のこと。江戸時代初期、幕府の官道として整備された道は標高差約700mもある急峻な山道のうえ、膝下まで浸かるほどの泥道の悪路だったという。

のちに当時としては近代的な石畳の道が完成したものの、旅人にとって苦難の道だったことに変わりはなかった。が、現在、その石畳は保存整備され、子どもから年配者まで楽しめるハイキングコースとして人気が高く、樹齢400年を誇る杉並木のたたずまい、畑宿の寄木細工、茶屋の休憩所などで往時を偲ぶことができる。

全長6km、のんびり歩いて2時間半から3時間の道のりを、江戸時代の旅人気分で巡ってみよう。

旧街道沿いに栄えた寄木細工発祥の地

畑宿は、旧街道沿いにあり、江戸時代、箱根越えの中間地点として人々が行き交っていた旧宿場町。日本の伝統工芸のひとつ、箱根寄木細工の発祥の地としても有名で、寄木の里とも呼ばれる。古くからの工房が点在し、作品の展示が見られる施設や店が集まっている。寄木細工の新しい魅力を引き出そうと、さまざまな試みに挑む工房も現れている。

箱根越えの関所へ

箱根関所
はこねせきしょ

MAP 付録P.14 A-4

↻復元された箱根関所の入口

江戸時代そのままの姿で復元された箱根関所。堂々としたたたずまいが、訪れる人を歴史の旅へと誘う。

江戸時代にタイムスリップした気分で、歴史の旅を楽しみたい

元和5年(1619)、徳川幕府が東海道に設けた箱根関所は、江戸時代の交通史を知るうえで欠かせない重要な史跡。旧街道と芦ノ湖を一望する絶好のロケーションに、当時の姿をそのまま復元したのが現在の施設だ。明治2年(1869)の閉鎖から約150年の時を経て、当時の匠の技や道具を使って蘇った姿は、江戸時代の旅人さながらに訪れる者を緊張させる。資料館では高札や通行手形など、関所に関する基本的な資料を展示し箱根関所についてわかりやすく解説している。

☎0460-83-6635 ⚓箱根町箱根1 🕘9:00～17:00(12～2月は～16:30)入場は30分前まで ❌無休 💴500円、小学生250円 🚏箱根関所跡バス停から徒歩2分 🅿なし

関所にまつわる豆知識

関所通行手形とは?

江戸時代の通行証。旅の目的や氏名、居所などが記された書類。原則、男性の場合は手形がなくとも関所は通れたが、関所役人に不審者と疑われ通関に支障をきたす場合を想定し、大半が手形を持参してきた。

出女の取り調べ

江戸を出て西方へ向かい旅する女性を「出女(でおんな)」という。御留守居証文という特別な通行手形が必要であった。「出女」の髪型や身体的特徴が記載されており、箱根関所では証文の内容と「出女」の詳細な照合が行われた。

芦ノ湖の通行

現在は遊覧船やボートが行き交い釣り船で賑わう芦ノ湖だが、江戸時代は旅人が舟で往来することは禁止されていた。そのため関所の山側には遠見番所が設けられ、2人1組で待機する足軽が昼夜交代で監視していたという。

箱根関所資料館
はこねせきしょしりょうかん

MAP 付録P.14 A-4

関所について知る！

各種の関所手形のほか、関所破り、献上品の象が関所を越えたときの話など興味深い記録を紹介。

↑箱根関所の歴史を楽しく学べる

人力車で箱根散策へ
箱根じんりき
はこねじんりき

MAP 付録P.14 B-4

箱根の歴史や昔話を紹介しながら名所を巡ってくれる。さまざまなコースが用意されているので目的に合わせて利用できる。

☎090-3152-1398 営9:00～17:00 休不定休 料2200円～ 交箱根関所跡バス停から徒歩5分 Pなし

↑凛々しい姿の車夫が案内

御制札場
ごせいさつば

箱根関所の役割が記された高札が掲げられ、威厳を放っている。

江戸口御門
えどぐちごもん

高さ6.1mあり江戸方面から来た旅人はこの門前で身支度を整え関所内に入った。

足軽番所
あしがるばんしょ

足軽の控室や寝室。関所破りなどの罪人を留置する獄屋（牢屋）などがある。

遠見番所
とおみばんしょ

唯一の2階建てで、2名の足軽が昼夜交代で芦ノ湖や街道沿いを見張っていた。

矢場 やば

役人が弓や鉄砲の練習を行った場所。江戸口御門の外側にある。

箱根関所資料館
御番所茶屋
・江戸口千人溜
足軽番所雪隠
鍵建・長柄建
外屋番所
上番所下雪隠
京口千人溜

箱根関所

大番所 おおばんしょ

役人の詰め所、取り調べ場所などがある関所内で最も重要な建物。

三つ道具建
みつどうぐたて

刺股（さすまた）、突棒、袖がらみの3種類の捕り物道具が立てられている。

京口御門
きょうぐちごもん

江戸口御門の反対側にあり、京都方面から来た旅人はここから関所内に入った。

外繋 とつなぎ

頑丈な柱を組んで作られ、旅人の馬をつなぎとめた。

厩 うまや

役人の馬をつなぎとめ、掃除道具なども置いた場所。

立ち寄りスポット

御番所茶屋
おばんしょちゃや

MAP 付録P.14 A-4

箱根関所に隣接。芦ノ湖の遊覧船乗り場にも近く、湖を眺めながら名物の団子を食せば、江戸時代の旅人気分に。

☎0460-83-6355 所箱根町箱根6-3 営10:00～16:00 休不定休 交箱根関所跡バス停から徒歩3分 Pあり（有料）

↑江戸時代をイメージした店内には売店もある

←↓↑「みたらしだんごアイス」520円は団子とアイスがベストマッチ（左）。団子とわらび餅の「お茶屋セット」600円（左下）。「甘酒」350円（右下）

箱根駅伝ミュージアム
はこねえきでんミュージアム

MAP 付録P.14 A-4

箱根駅伝の聖地。数々の名勝負の舞台となった場所にあるミュージアムでは、箱根駅伝の歴史を貴重な資料と写真で紹介している。

↑往路フィニッシュ・復路スタート地点にある

☎0460-83-7511 所箱根町箱根167 開平日10:00～16:30 土・日曜、祝日9:30～17:00 入館は閉館の各30分前まで 休無休 料650円～ 交箱根町港バス停からすぐ Pあり（ハンディキャップ専用）

天下にその名を知られた かつての難所を歩く

東海道 箱根八里を越える
とうかいどう はこねはちり

新緑や紅葉の季節がベストシーズン。足元は歩きやすいスニーカーかトレッキングシューズで。江戸の繁栄とともに多くの旅人が行き来した道をたどる。

1 箱根関所 ⮕P.60
はこねせきしょ

MAP 付録P.14 A-4

江戸の旅人気分で出発

東海道を行き交う人を取り締まるために設けられた関所を復元。芦ノ湖が一望できる絶好のロケーション。

⮕江戸時代の様子をそのまま再現

2 旧街道杉並木
きゅうかいどうすぎなみき

MAP 付録P.14 B-3

樹齢400年の大木が連なる

江戸時代の初め、箱根宿を設けたときに植えられたと伝えられる。現在、約400本の杉の大木が行き交う人を見守っている。

⮕鬱蒼とした杉並木が続く

⬆昔むした石畳から往時の静かなたたずまいが伝わってくる

3 旧街道石畳
きゅうかいどういしだたみ

MAP 付録P.15 D-2

400年前の古道に往時を感じる

街道の中ほどに江戸時代の石畳を1kmにわたって保存。全行程を歩くのが大変な人も、ここだけは歩いて、風情を味わいたい。 🚌旧街道石畳バス停からすぐ 🅿なし

箱根旧街道周辺の癒やしスポットへ

かつて多くの旅人が行き来した旧街道は自然の宝庫でもある。都会では味わえない解放感を楽しみたい。

畑宿清流マス釣場
はたじゅくせいりゅうマスつりば

MAP 付録P.15 F-2

渓流を利用して造られた公園

釣り用具は貸し出しがあり手ぶらで行っても楽しめる。小さい子ども専用の水遊び場も併設。

☎0460-85-6373 🏠箱根町畑宿471 🕘9:00～16:00 🏫木曜、年末年始※GW、夏休みは無休 💴つかみ取り3200円(セット3700円) ※別途施設使用料(小学生以上)100円～が必要 🚌畑宿バス停から徒歩7分 🅿30台

⬆家族連れや夏場の水遊びに最適

飛龍の滝
ひりゅうのたき

MAP 付録P.2 C-3

神奈川県で最大規模の滝

上段15m、下段25mの2段に分かれた滝が豪快に流れ落ちる様子が、龍が飛ぶように見えることからこの名がついた。パワースポットとしても人気がある。

☎0460-85-5700(箱根町総合観光案内所) 🏠箱根町畑宿 🕘🏫💴見学自由 🚌畑宿バス停から徒歩40分 🅿なし

⬆豪快な景観とともにマイナスイオンを浴びたい

歩く時間 ◆ 約1時間30分

箱根ハイキングルート

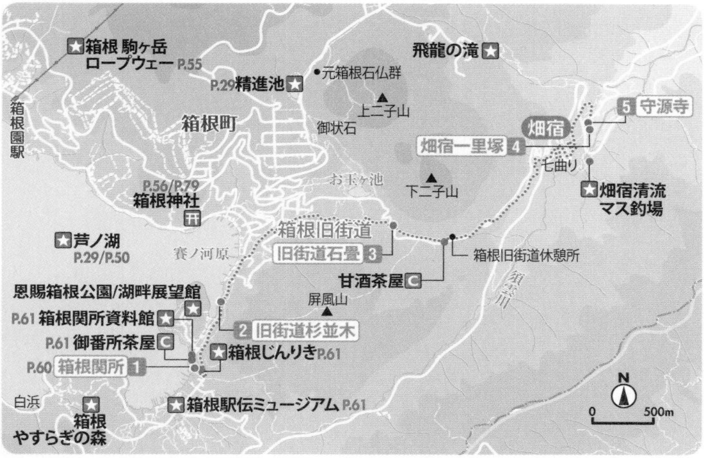

箱根 駒ヶ岳 ロープウェー P.55
飛龍の滝
P.29 精進池
元箱根石仏群
上二子山
箱根園駅
箱根町
御状石
5 守源寺
畑宿
畑宿一里塚 4
七曲り
お玉ヶ池
下二子山
畑宿清流 マス釣場
P.56/P.79 箱根神社
箱根旧街道
芦ノ湖 P.29/P.50
賽ノ河原
旧街道石畳 3
箱根旧街道休憩所
甘酒茶屋
須雲川
恩賜箱根公園/湖畔展望館
屏風山
P.61 箱根関所資料館
2 旧街道杉並木
P.61 御番所茶屋
箱根じんりき P.61
P.60 箱根関所 1
白浜
箱根駅伝ミュージアム P.61
箱根 やすらぎの森
N
0 500m

急坂が多い難所として知られた旧街道の山越えルート。緑豊かな自然と石畳の風情を味わいながら往時を偲んで歩きたい。

- 箱根関所跡バス停
- ↓ 徒歩約2分
- 1 箱根関所
- ↓ 徒歩約5分
- 2 旧街道杉並木
- ↓ 徒歩約35分
- 3 旧街道石畳
- ↓ 徒歩約40分
- 4 畑宿一里塚
- ↓ 徒歩約1分
- 5 守源寺
- ↓ 徒歩約1分
- 畑宿バス停

ひと休みスポット

趣ある茶屋で一服

甘酒茶屋
あまさけちゃや

MAP 付録P.15 D-2

江戸時代から400年以上続く老舗の茶屋。砂糖や添加物を使わずに作る甘酒と、杵でつく力餅が名物。

☎0460-83-6418 所箱根町畑宿二子山395-28 営7:00〜17:30(LO17:00) 休無休 交甘酒茶屋バス停からすぐ P20台

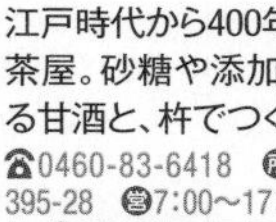

囲炉裏のある店内には座敷も

力餅はいそべ、きな粉の「うぐいす」、黒ごまの3種類(各500円)

4 畑宿一里塚
はたじゅくいちりづか

MAP 付録P.17 E-4

江戸時代の旅人の道標

日本橋から数え、23番目にある塚。箱根町にあった3カ所の塚のなかで唯一、その形を今に残している。

交畑宿バス停からすぐ Pなし

今も行き交う人の目印に

5 守源寺
しゅげんじ

MAP 付録P.17 E-4

開運財福と慈悲の神

石畳の入口にあり、寛文(かんぶん)元年(1661)に創建された日蓮宗の名刹。本堂脇に大黒天の社がある。

☎0460-85-5237 所箱根町畑宿167 開休料境内自由 交畑宿バス停からすぐ Pあり

箱根七福神めぐりの大黒天でもある

恩賜箱根公園/湖畔展望館
おんしはこねこうえん/こはんてんぼうかん

MAP 付録P.14 A-3

知る人ぞ知る富士山絶景スポット

箱根離宮跡地に広がる公園。手入れの行き届いた園内には四季の花々が咲く。展望館のバルコニーからは芦ノ湖と富士山の景色が楽しめる。

☎0460-83-7484 所箱根町元箱根171 開入園自由、展望館は9:00〜16:30 休公園は無休、展望館は年末年始 料無料 交恩賜公園前バス停からすぐ P約60台(有料)

冬の朝に園内から眺める富士山

箱根やすらぎの森
はこねやすらぎのもり

MAP 付録P.2 B-4

芦ノ湖南岸で森林浴

緑豊かな自然が魅力で、森林セラピー®基地に認定されている。土や木々、花の香り、鳥の声や風の音など五感で森を感じられる。併設する森のふれあい館では動植物の展示を通して、自然の素晴らしさが学べる。

※2023年12月1日〜2024年3月19日まで休館

バードウォッチングや季節の動植物を気軽に観察できる

森のふれあい館

☎0460-83-6006 所箱根町箱根381-4 開9:00〜17:00(12〜2月は〜16:30)入館は各30分前まで 休無休(1・2月は臨時休館日あり) 料650円 交箱根やすらぎの森バス停からすぐ P80台

大自然の力が感じられる場所

大涌谷
おおわくだに

「大地獄」と呼ばれた大涌谷は、現在もなお噴煙が立ち込める荒涼とした大地。火山活動の迫力が感じられる。

歩く・見る●大涌谷

観光のポイント

自然研究路の途中には傾斜があるため、歩きやすい靴で。

火山性ガスに注意。目や喉に刺激を感じたらすぐ退去を。

自由研究路の入口や途中に設置された看板は必ず確認。

2023年10月現在、自由研究路は安全対策を最優先とした引率入場方式を実施（1日4回、1回30名、要予約）

まさに地獄の光景を連想させる壮大で荒々しい自然の息吹に圧倒

約3000年前、箱根火山の水蒸気爆発により神山が崩壊してできた大涌谷。現在も硫化水素を含む噴煙が噴き出し、立ち枯れた樹木や岩石が荒涼とした風景を形成している。かつては「地獄谷」と呼ばれていたが、明治時代に改称された。

MAP 付録P.7 E-3
時9:00～17:00
交箱根ロープウェイ・大涌谷駅からすぐ

大涌谷延命地蔵尊
おおわくだにえんめいじぞうそん
MAP 付録P.7 E-3

「延命子育ての地蔵」として知られる

殺伐たる風景を目にした弘法大師が、地蔵菩薩を彫って人々の救済を祈願したのが始まりと伝えられる。

↻温かい泉が湧く「神泉の湯」が近くにある

大涌谷自然研究路
おおわくだにしぜんけんきゅうろ
MAP 付録P.7 E-3

火山活動を間近に観察できる

噴煙地付近まで続く片道約10分の遊歩道。歩きやすく整備され、迫力ある景色を眺めながら散策できる。

ダイナミックな地球の営みを体感

噴煙が上がる大涌谷を眺める

太古から続く火山活動により生み出された大涌谷。岩石が転がる荒涼とした大地の隙間から、白い噴煙が立ちのぼる様子を見ていると、大自然のすさまじいエネルギーが伝わってくる。

噴煙地
ふんえんち
MAP 付録P.7 E-3

自然の力強さが実感できる

白い噴煙が立ちのぼる地点。周辺は強い硫黄のにおいに包まれている。富士山を望む絶景スポットでもある。

→「かながわの景勝50選」にも選ばれた

立ち寄りスポット

大涌谷名物「黒たまご」をおみやげに

大涌谷くろたまご館
おおわくだにくろたまごかん
MAP 付録P.7 E-2

大涌谷自然研究路にある玉子茶屋の温泉池で茹でたあと、さらに蒸して作る黒たまご。黒い殻は温泉成分の化学反応によるもので、1個食べれば寿命が7年延びるといわれる。 黒たまごを販売するくろたまSHOPでは、オリジナルの大涌谷みやげも手に入る。

↑地熱と温泉成分で真っ黒に

☎0460-84-9605 所箱根町仙石原1251
営10:00～16:00 休無休
交箱根ロープウェイ・大涌谷駅からすぐ
P150台(有料)

大涌谷が一望できる展望スペース

箱根ロープウェイ 大涌谷駅
はこねロープウェイ おおわくだにえき
MAP 付録P.7 E-2

箱根ロープウェイ(P.68)の大涌谷駅には、ショップやレストランが併設され、店の窓からは、噴煙が上がる大涌谷周辺の景色を一望することができる。

☎0460-84-8437
営9:00～17:00 ※季節により異なる
休荒天時

↑大涌谷の限定グッズも

2階 大涌谷 駅食堂
おおわくだに えきしょくどう

噴煙地が一望できる眺望抜群の店内で食事ができる。
営10:45～16:30
(LO16:00)(季節により異なる)
休無休

↑大涌谷カレーが大人気。温玉は別売り

1階 大涌谷 駅の店
おおわくだに えきのみせ

箱根ロープウェイのオリジナルグッズなどを販売。
営9:30～16:45(LO16:00)
(季節により異なる) 休無休

大涌谷駅前の絶景スポット

谷のテラス大涌谷
たにのテラスおおわくだに
MAP 付録P.7 E-2

目の前に冠ヶ岳などの山々、地表から吹き上がる噴煙という大涌谷の壮大な風景が広がる、大涌谷駅前のスペース。新たな絶景スポットとして注目だ。

→駅前の展望スポット

☎0465-32-2205
(箱根ロープウェイ)
営休料見学自由

スイッチバックで注目の山岳鉄道

箱根登山電車

はこねとざんでんしゃ

**箱根の山をスイッチバックしながら
上る電車は、四季折々に移り変わる
豊かな自然が車窓を流れ、車内
アナウンスも臨場感にあふれる。**

パノラマワイドな車両が急勾配を
ジグザグ進むユニーク走行

箱根登山鉄道・箱根湯本駅と強羅駅を結ぶ箱根登山電車は世界有数の山岳鉄道。標高差445mにおよぶ箱根湯本駅～強羅駅間を約40分で結ぶ。進行方向を変えながらジグザグに登るスイッチバック走行や、半径30mの急カーブ、谷底まで43mある早川橋梁など見どころも充実。梅雨どきは「あじさい電車」の愛称で親しまれ、「アレグラ号」は足元までガラス張りのスタイリッシュな展望型車両が注目の的だ。

▲車両には色も形もさまざまな種類がある

MAP 付録P.16 C-1

☎0465-32-6823（箱根登山鉄道
鉄道部、9:00～17:00）

箱根の夏の風物詩

あじさい電車 あじさいでんしゃ

アジサイが開花する季節、沿線の5カ所で
ライトアップを実施。満開のアジサイがライトアップされる幻想的な風景が楽しめる。

時6月中旬～
7月上旬

鉄道職員が手塩にかけたアジサイが、沿線各所に咲き誇り目にも鮮やか。標高差のため箱根湯本から強羅にかけて開花はゆっくり進み、6月中旬から7月上旬まで見頃が続く。

運賃&所要時間早見表					
箱根湯本	160円	220円	310円	420円	460円	460円
	3分	16分	26分	31分	35分	37分
	塔ノ沢	160円	260円	360円	420円	420円
		13分	23分	28分	32分	34分
		大平台	160円	220円	260円	310円
			10分	15分	19分	21分
			宮ノ下	160円	160円	160円
				5分	9分	11分
				小涌谷	160円	160円
					4分	6分
					彫刻の森	160円
						2分
						強羅

運賃
所要時間

経路&運賃

箱根湯本駅発6:12～22:43
（土・日曜、祝日22:37）、強羅
駅発5:45～22:16（土・日曜、
祝日22:11）、日中は約15分
間隔で運行。

箱根登山電車

宮城野橋
城山
強羅駅
強羅
ケーブルカー
番坂
強羅温泉
木賀坂下
木賀の里
木賀温泉入口
彫刻の森駅
彫刻の森美術館
彫刻の森美術館 P.88 ★
神社下
ホテル前
富士屋ホテル P.31/P.83/P.84 ★
宮ノ下駅
二ノ平温泉
二ノ平入口
山王神社
小涌園
蛇骨川
宮ノ下温泉
小涌谷駅

86

山の気配をまとって走行する

箱根登山ケーブルカー
はこねとざんケーブルカー

急斜面を時速12㎞で上るケーブルカー。
車窓からの眺めも素晴らしく、
アジサイが咲く沿線は秋の紅葉も見事だ。

早雲山に向けて急勾配を一直線で走る
2020年に登場した車両は鮮やかな赤と青

　箱根登山電車の終点・強羅駅と箱根ロープウェイ乗り場のある早雲山駅までの1.2kmを約10分で結ぶ。高低差209mの山道を力強く走るのは、2両編成のケーブルカー。箱根の景色に調和するシンプルなデザイン。車内は傾斜に合わせた階段状で、景色がよく見えるよう窓も大きい。箱根の山々の風景を楽しむなら、谷側に座るのがおすすめ。早雲山駅近くの見晴らしは抜群だ。

◎公園上駅

MAP 付録P.16C-1　☎0465-32-6823(箱根登山鉄道 鉄道部、9:00〜17:00)

↑ケーブルでつながれた車両は頂上の滑車で上げ下げして運行している

運賃&所要時間早見表

強羅	90円	170円	250円	340円	430円	
標高 541m	2分	3分	5分	7分	10分	
	公園下	90円	170円	250円	340円	
	標高 574m	1分	3分	5分	8分	
		公園上	90円	170円	250円	運賃 所要時間
		標高 611m	2分	4分	7分	
			中強羅	90円	170円	
			標高 654m	2分	5分	
				上強羅	90円	
				標高 703m	3分	
					早雲山 標高 750m	

経路&運賃

強羅駅、早雲山駅ともに発車時刻は8:25〜18:20。日中は約15〜20分間隔で運行。

注目ポイント

早川橋梁 はやかわきょうりょう
塔ノ沢駅〜大平台駅間に架かる日本最古の鉄道橋。鉄橋下約43mには早川が流れ、紅葉時は壮観。国の有形登録文化財。

知っておきたい箱根登山電車のキホン

R30の急カーブ
沿線各所にある急カーブ。前車両から後車両が見えるほど。曲線半径30mのカーブを曲がるために車体が短い。

スイッチバック
出山信号場、大平台駅、上大平台信号場のスイッチバックでは、進行方向が逆になるため、運転士と車掌が入れ替わる。

早川

東海道

大平台駅
大平台
大平台駅
大平台温泉
上大平台信号場
蛙ノ滝
箱根登山電車
(箱根登山鉄道)

出山
出山信号場
塔之沢温泉
上塔ノ沢
塔ノ沢駅
塔ノ沢
箱根湯本温泉
温泉場入口

🔶阿弥陀寺 P.72

箱根湯本駅
小田原駅→
🔶箱根湯本商店街 P.74

P.72/P.79 早雲寺🔶

N
0 300m

大パノラマを眼下に空中散歩
箱根ロープウェイ
はこねロープウェイ

箱根山や芦ノ湖、圧倒的な美しさを
見せる富士山はもちろん、晴れた日は
相模湾から東京スカイツリーまで
見渡せるパノラマ絶景を
四季折々に楽しめる。

ゴンドラ風景
姥子駅～大涌谷駅間
雄大な富士山と箱根連山の間
に、芦ノ湖を海賊船が航行す
る様子が見られる。

空から箱根の自然を楽しむ
絶景ロープウェイ

　桃源台駅から姥子駅、大涌谷駅、
早雲山駅まで片道4km。4駅を経て片道約
45分の空中散歩は距離も高さも世界
有数。桃源台駅を出発すると、ロープ
ウェイは標高1044mの大涌谷駅を目指
して芦ノ湖を眺めながらぐんぐん上る。
噴煙が上がる大涌谷を眼下にし、頂上
手前ではダイナミックな富士山が現れ
て一気に大迫力のパノラマが開ける。
大涌谷駅から早雲山駅まではゆっくり
降下する鳥の気分が味わえる。

MAP 付録P.7 D-2

☎0460-84-8439(箱根ロープウェイ桃源台駅)
🕘9:00～16:45(季節により異なる)　🈲荒天時
🅿あり(早雲山駅、大涌谷駅・有料、姥子駅、桃
源台駅)

※大涌谷周辺は火山活動の影響により、火山ガ
スが発生している。詳細はHPで要確認。

経路＆運賃

運行区間は早雲山駅～桃源台駅
で、9:00～16:45(季節により異な
る)に18人乗りのゴンドラが
約1分間隔で運行している。

※掲載している運賃、
往復運賃は2023年4月
時点のものです

運賃＆所要時間早見表			
早雲山	1500円	1500円	1500円
	2500円	2500円	2500円
	8分	16分	24分
大涌谷		1500円	1500円
		2500円	2500円
		8分	16分
姥子			1500円
			2500円
			8分
桃源台			

運賃
往復運賃
所要時間

箱根ロープウェイはここがすごい！

フニテル方式

2本のロープの間隔をゴ
ンドラの幅より広くとり、
ゴンドラとロープの間を
短くして、風に強くなる
ように工夫されている。
風速30mまで耐えられ
るので、旧型のものよ
り運休が少ない。

抜群の眺望

早雲山駅と大涌谷駅の
標高差が287m。地上
から約130mの谷を越え
るポイントがあり、大涌
谷や芦ノ湖、富士山の
ほか、天気が良ければ
湘南エリアや東京周辺
の景色まで楽しめる。

バリアフリー

360度景色を見渡せる、
四方がガラス張りのス
イス製のゴンドラは、定
員18人とゆったりとした
造りになっている。乗
降口はバリアフリーで
段差がないので、車い
すもOK。

ゴンドラ風景
姥子駅～大涌谷駅
大涌谷駅が近づくと四季折々に表情を変える富士山が大迫力で迫る。

ゴンドラ風景
大涌谷駅～早雲山駅
その昔「地獄谷」と呼ばれた谷が現れる。白煙が上がり、硫黄のにおいが立ち込める。

桃源台駅 とうげんだいえき	標高 741m

芦ノ湖湖畔にあり、箱根海賊船やバスの発着所につながっている。
駅の施設 レストラン、売店
周辺の観光スポット
芦ノ湖➡P.50

姥子駅 うばこえき	標高 878m

旧型ゴンドラの屋外展示があり、周辺のハイキングコースも人気。
駅の施設 ゴンドラ庭園

大涌谷駅 おおわくだにえき	標高 1044m

駅構内からも大涌谷の様子が眺められる。早雲山駅方面と桃源台駅方面の乗換駅。
駅の施設 レストラン、売店
周辺の観光スポット
大涌谷➡P.64

早雲山駅 そううんざんえき	標高 757m

箱根登山ケーブルカーとの接続駅。展望テラスから明星ヶ岳を一望。
駅の施設 売店、展望テラス
周辺の観光スポット
箱根登山ケーブルカー➡P.67

金太郎岩　箱根ロープウェイ
姥子駅　姥見岩　姥子石仏群
姥子湖尻自然探勝歩道
弘法の硯石
姥子山姥神社
湖尻温泉　姥子温泉
桃源台駅
芦ノ湖
N
0 　300m
大涌谷・姥子自然探勝歩道
大涌谷駅
早雲山駅
強羅駅
★大涌谷 P.29/P.64
P.64
大涌谷自然研究路
大涌谷温泉
P.65 噴煙地 ★
早雲山▲
箱根ロープウェイ

四季の風景を楽しむ
ロープウェイが通るルートは、季節によってさまざまな表情を見せる。

春
桜が山を染め、萌えたつ箱根連山や富士山は堂々たる眺め

夏
緑の海が広がる7月は、アジサイが山肌に彩りを添える

秋
燃えるような紅葉に、360度包まれる贅沢な景観

冬
空気が澄み、白く染まった富士山をクリアに眺められる

爽やかな風が吹く高原地帯

仙石原
せんごくはら

群生するススキが黄金色に輝く草原や、湿原に生息する植物たちは、仙石原ならではの自然の風景。広々とした高原に点在する数々の美術館やこだわりのレストランも見逃せない。

道路側からの景色
↑ やや離れた位置から全体を一望。まさに金色の海のようだ

散策路からの景色
↓ 草原の中を歩きながら、背丈ほどのススキを間近で観察できる

↑ 見渡す限りどこまでも続くススキの群れ。緑の茎と金色の穂が交じる初秋の景観が美しい

圧巻のススキ草原を散策し珍しい湿原植物を愛でる

約2万年前の噴火によってできた火口原湖に、3000年ほど前に神山の大規模な爆発によって大量の岩が流れ込み、川の流れをせき止めて、やがて湿原高原となった。地名については諸説あるが、仙石秀久という戦国武将の名前が由来という説が有力。また、鎌倉時代に源頼朝がこの地を「開墾すれば米千石はとれる」と言ったことが起源ともいわれている。仙石原といえば群生するススキ。もとは茅葺き屋根の材料として植えられたものだが、時代とともにニーズが代わり、現在では重要な観光資源となっている。

↓ 3月頃に開花し春の訪れを告げる箱根湿生花園のミズバショウ

仙石原のススキ草原
せんごくはらのススキそうげん

MAP 付録 P.4 C-4

深まりゆく秋とともに日々美しさを増す金色の絨毯

台ヶ岳の北西麓一帯は、広大なススキの群生地。初秋を迎えると徐々に色づきはじめ、晩秋にはあたり一面が見事な黄金色に染まる。秋の日差しを受けてキラキラと輝く様子は、息をのむ美しさ。「かながわの景勝50選」にも選ばれており、毎年9〜11月は大勢の観光客で賑わう。

☎0460-85-5700(箱根町総合観光案内所)
所箱根町仙石原 交仙石高原バス停からすぐ
Pなし(9〜11月は臨時無料駐車場あり)

見学information

時間帯で景色が変わる

一日のなかでも太陽の位置や光の加減で表情が変化。明るい陽光に輝く昼間は黄金色だが、逆光で見ると銀色に見え、夕暮れどきには幻想的な風景になる。

季節ごとの景色を楽しむ

↑ 夏の青空に若々しい緑のススキが映え、爽やかな景色が目にまぶしい

夏

冬

↑ 氷点下になることが多く、霧氷に覆われたススキ草原が見られる

↑約1700種のさまざまな湿生植物が集められている

箱根湿生花園
はこねしっせいかえん

MAP 付録P.4 C-3

湿地に生える植物を集めた
日本で最初の湿原植物園

湿原や川、沼沼などの湿地に生育する植物を中心とした植物園。日本各地に点在する湿地帯から、草原や林、高山の植物に、珍しい外国の山草まで、その種類は約1700。園内には散策路が設けられ、低地から高山へ、低層湿原から高層湿原へと順に植物を見てまわれる。

☎0460-84-7293 ㊟箱根町仙石原817 ㊋9:00～17:00(最終入園16:30) ㊡12月1日～3月19日 ㊙700円 ㊋湿生花園前バス停からすぐ ㊋90台

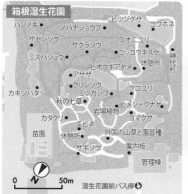

箱根湿生花園

ハンノキ　ノハナショウブ　ヒツジグサ　ヨウホネ
ザゼンソウ　サクラソウ　コオニユリ
ミズバショウ　ニッコウキスゲ　休憩所　神代杉
アサザ　ヒオウギアヤメ
クリンソウ　クロユリ
秋の七草　ミツガシワ　ヒメシャクナゲ
カキツバタ　岩場植物　コマクサ
カタクリ　外国の山草と園芸種
エビネ　案内板
苗園　休憩所
サギソウ　管理棟

0　50m　湿生花園前バス停❷

↑木道の散策路をたどって、色とりどりの花々をゆっくり眺めたい

こんな花が見られます

エゾキスゲ
6～7月
北海道の海岸や草原に自生。夕方に花開き、翌日の午後に閉じる

季節に見られる花

春 フクジュソウが春の訪れを告げ、4月上旬にはミズバショウが見頃に。5月になると湿原の花々が咲き競う

(春に見られる植物)
ミズバショウ、フクジュソウ、カタクリ、サクラソウ、キレンゲツツジ、カキツバタ

夏 6月は湿原が最も華やぎ、園内には100種類以上の花が咲く。7月下旬からはヤマユリやキキョウが夏を彩る。

(夏に見られる植物)
ニッコウキスゲ、ヤマボウシ、ヤマユリ、キキョウ、ハマナス、エゾリンドウ、ヤマアジサイ

秋 お盆を過ぎると秋の花が真っ盛りに。ススキが色づく10月にはハマラッキョウやミズトラノオが見頃となる。

(秋に見られる植物)
リンドウ、サクラタデ、ススキ、ミズトラノオ、ハマラッキョウ、イワシャジン、アサマフウロ

ヘメロカリス
6～8月
たった1日しか咲かない短命の花で、別名「デイリリー」とも呼ばれる

イワタバコ
6～8月
谷間の湿った岸壁などに着生し、紫色をした星形の花を咲かせる

ポンテデリア
5～10月
北米原産の水生植物。高さ1m近くまで生長し淡い青紫色の花が穂状に咲く

箱根旅の玄関口で食と癒やしを堪能

箱根湯本・塔之沢

はこねゆもと・とうのさわ

箱根旅の拠点となる箱根湯本駅。駅前の商店街はみやげ物店や食事処が軒を連ね、塔ノ沢にかけては日帰り温泉も点在。宿も多彩で、温泉旅が満喫できるおすすめのエリアだ。

街歩きのポイント

- 箱根湯本駅前にある箱根町総合観光案内所で観光情報を入手
- 箱根湯本商店街には食事処、カフェなどが多数あるので、食べ歩きも楽しい
- 商店街の喧騒を避けるなら早川沿いをのんびり歩くのもおすすめ

↑早川の流れに沿って、温泉宿が立ち並ぶ

箱根で最古の歴史ある温泉
駅前の商店街では食べ歩きも楽しい

箱根湯本駅前には賑やかな商店街が延び、みやげ物店や食事処、カフェなどが軒を連ねる。温泉宿も老舗宿から庶民的な宿まで多彩。歴史があるだけに見どころも多く、温泉の守護神を祀る湯本熊野神社、北条早雲ゆかりの早雲寺などが点在する。寛永2年(1625)創業の萬翠楼福住は国の重要文化財。

緑に囲まれた静かな温泉街
風情ある宿での滞在を楽しみたい

箱根湯本商店街の喧騒を抜けたあたりに静かな温泉街がある。周辺を木々で囲まれ、落ち着いた風情に包まれるなか、純和風の日本旅館が点々と並ぶ。明治以降には伊藤博文や福沢諭吉が訪れたほか、静かな老舗旅館は文人墨客に愛され、夏目漱石、島崎藤村、川端康成などが逗留した記録が残る。

後北条氏5代の墓をはじめ
多くの文化財が残る

早雲寺

そううんじ

MAP 付録P.17 F-2

北条早雲の遺言で息子の氏綱が大永元年(1521)に創建した臨済宗大徳寺派の古刹。本尊は釈迦如来。後北条5代の墓、連歌師・宗祇の碑が残る。

☎0460-85-5133 　所箱根町湯本405　時6:00〜16:00　休無休(境内拝観のみ)　料無料　交箱根登山鉄道・箱根湯本駅から徒歩15分　P10台

↑豊臣秀吉の小田原攻めで焼失したが寛永4年(1627)に再建された

↑2〜4月には新たに植えられた大小さまざまな椿の花が境内を彩る

琵琶演奏で知られる
皇女和宮ゆかりの寺

阿弥陀寺

あみだじ

MAP 付録P.11 D-1

木食遊行で名高い弾誓上人が開山。皇女和宮の香華院で、皇女和宮を偲ぶ住職の琵琶の語りで知られる。本堂には百万遍転法輪がある。

☎0460-85-5193　所箱根町塔之沢24　時9:00〜17:00　休無休　料無料　交箱根登山鉄道・塔ノ沢駅から徒歩20分　P15台

箱根旅行の行きや帰りに利用して、快適な旅を！

駅ナカ グルメ & ショッピング

箱根旅行の要所となる駅には、便利なサービスやみやげ店、カフェなどが揃う。

箱根湯本駅

はこねゆもとえき

MAP 付録P.17 F-1

☎0460-85-5033 所箱根町湯本
白石下707-1 営5:20〜23:45
休無休 Pなし

⬆現地ならではの情報も集まる

お弁当から民芸品まで
箱根の定番みやげが勢揃い

箱根の市
はこねのいち

MAP 付録P.17 F-1

箱根湯本駅改札を出ると目の前にある。温泉まんじゅうや寄木細工などの名産品から、30種類以上のお弁当、お菓子など品数豊富に揃う。箱根観光の帰りにまとめてみやげを調達できる。
☎0460-85-7428
営9:00〜20:00
休無休

➡駅弁もここで

箱根街道2本セット2320円
箱根の地酒を扱う蔵元の吟醸酒と梅酒のセット

贅・箱根よくばり弁当
1180円
箱根山麓豚や小田原鯵ずしなど地元の食材が詰まっている

わさびオイルふりかけ 700円
さまざまな料理に使えるスグレもの

黒チョコ(10個入り) 560円
大涌谷の黒い温泉卵をイメージしたチョコ

ドリップコーヒーとデリ
焼きたてのパンがずらり

箱根カフェ
はこねカフェ

MAP 付録P.17 F-1

箱根湯本駅改札のすぐ横にある。手作りパンやドリンクを、店内、テイクアウトのどちらでも利用できる。また箱根プリンなど、箱根カフェ・スイーツショップのスイーツも食べられる。

⬆改札の外にある
⬆ゆっくりくつろげるソファ席もある
☎0460-85-8617
営10:00〜17:00(季節により変動)
休不定休

箱根の甘い、新定番みやげ
人気上昇のスイーツ

箱根カフェ・
スイーツショップ
はこねカフェ・スイーツショップ

MAP 付録P.17 F-1

こだわり抜いた食材を使った箱根ロールと箱根プリンが看板商品。そのほか、季節のスイーツやデザートドリンクも販売。
☎0460-85-8617 営10:00〜17:00
休無休
※2023年10月現在休業中

カレーパン
320円
具材に入った福神漬けがアクセントに

箱根プリン 350円
長壽卵とミルクで作ったプリン

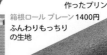

箱根ロール プレーン 1400円
ふんわりもっちりの生地

⬆改札内にあるスイーツショップ

A ステーキハウス吉池
ステーキハウスよしいけ

MAP 付録P.17 D-2

黒毛和牛を本格的な鉄板焼きで

全席がゆったりとしたカウンターで、黒毛和牛のステーキをはじめ、新鮮な魚介などを炎のパフォーマンスで楽しませてくれる。

→ 池と緑の中庭を望む

▶3500円(税別)

☎0460-85-5714 所箱根町湯本597箱根湯本温泉 吉池旅館1F 営11:00〜15:00(LO14:30)、17:00〜20:30(LO19:30) 休水曜 交箱根登山鉄道・箱根湯本駅から徒歩7分 Ｐ70台

→ フィレ肉かサーロインを選べる鉄板焼きステーキランチ(注文は2名以上)

B 福久や 九頭龍餅
ふくや くずりゅうもち

MAP 付録P.17 E-2

良縁にご利益？箱根の新名物

縁結びで知られる九頭龍神社をイメージした九頭龍餅専門店。餡は北海道十勝産の北海大納言小豆、生地は佐賀県産のヒヨクモチを中心としたもち粉を使用し、店内の工房で作っている。

▶1個140円

→ 小豆、米粉、ジャガイモなど国産の原料だけを使用

☎0460-85-8818 所箱根町湯本729 営9:00〜17:30(土・日曜、祝日は〜18:00) 休不定休 交箱根登山鉄道・箱根湯本駅から徒歩5分 Ｐなし

→ 店頭には足湯(大人200円)もある

おみやげ三昧、グルメ三昧
活気あふれる
箱根湯本商店街へ

箱根観光の拠点となる箱根湯本の駅前通りには、みやげ物屋や食事処が50店舗ほど軒を連ねている。

MAP 付録P.17 F-1

☎0460-85-7751(箱根湯本観光協会) 所箱根町湯本 休店舗により異なる 交箱根登山鉄道・箱根湯本駅からすぐ Ｐあり

C ちもと

MAP 付録P.17 E-2

箱根の定番の和菓子

看板商品の湯もちは、箱根の定番みやげ。箱根八里の鈴をかたどった最中やわらび餅なども人気。お菓子は、隣のカフェで抹茶などとともに味わうことができる。

☎0460-85-5632 所箱根町湯本690 営9:00〜17:00 休年5日程度不定休 交箱根登山鉄道・箱根湯本駅から徒歩5分 Ｐ1台

▶280円

→ ほんのりゆずが香る細かく刻んだようかん入りのやわらかい餅

D 画廊喫茶ユトリロ
がろうきっさユトリロ

MAP 付録P.17 E-2

芸術作品があるくつろぎ空間

箱根湯本の天然湧水を使った自家焙煎珈琲をはじめ、カレー、スイーツなどが人気。近代フランスの画家モーリス・ユトリロや、平賀敬などの本物の絵画や作品が展示されている。

☎0460-85-7881 所箱根町湯本692 営11:00〜19:00(LO) 休金曜 交箱根登山鉄道・箱根湯本駅から徒歩3分 Ｐなし

→ 仕上げまで1週間を要するという特製カレーライス

▶1100円

E 杉養蜂園 箱根湯本店
すぎようほうえん はこねゆもとてん

MAP 付録P.17 E-1

養蜂園直営のハチミツ店

熊本、秋田、北海道と、季節の推移とともに花を追いかけて巣箱ごと移動し、自社で蜂を育てる。この自社養蜂園で採れた国産ハチミツやマヌカ蜜、また、プロポリス、ローヤルゼリーなどのサプリやコスメを販売。

☎0460-85-7183 所箱根町湯本704 営9:15〜18:00(季節により変動) 休無休 交箱根登山鉄道・箱根湯本駅から徒歩2分 Ｐなし

→ ハチミツ入りソフトにメープルハニーをたっぷりかけて

▶400円

F 竹いち
たけいち
MAP 付録P.17 E-1

職人技のすり身団子がおいしい！

石臼ですりつぶした白身魚に野菜を混ぜて揚げたすり身団子専門店。春は大葉、夏は枝豆、秋はシイタケ、冬はイカゲソが入った季節限定品もある（要予約）。

☎0460-85-6556　🏠箱根町湯本729　🕘9:00～17:00　🈂木曜　🚉箱根登山鉄道・箱根湯本駅から徒歩4分　🅿️なし

➡玉ネギ入りとゴボウ入りのすり身団子
➡1串400円

G 湯本ハイカラ中華 日清亭
ゆもとハイカラちゅうか にっしんてい
MAP 付録P.17 E-1

中国古来の手法の自家製麺

創業約100年、太い竹棒に全身を乗せて打つ昔ながらの平打ち麺を使ったラーメンをはじめ、手ごろな定食類が充実。広東料理から丼もの、甘味点心も味わえる。

☎0460-85-5244　🏠箱根町湯本703　🕘11:00～15:00 17:00～20:30(LO20:00)　🈂火曜（祝日の場合は営業）、月曜不定休　🚉箱根登山鉄道・箱根湯本駅から徒歩4分　🅿️4台

➡唐辛子と自家製のラー油を使った酸辣湯麺
➡935円

足を延ばして　箱根・ルッカの森
はこね・ルッカのもり
MAP 付録P.11 E-2

和菓子の名店「菜の花」が作る洋菓子

地元素材の湘南ゴールドと波照間黒糖を使った沖縄黒糖の2種類のバウムクーヘンをはじめ、焼きモンブランやチーズスフレなどの洋菓子が店内に並ぶ。

☎0460-85-6222　🏠箱根町湯本307　🕘9:30～18:00(土・日曜、祝日は～18:30)　🈂無休　🚉箱根登山鉄道・箱根湯本駅から徒歩8分　🅿️10台

➡1580円

➡パリパリ焼きモンブラン4個入り

（地図）

G 湯本ハイカラ中華 日清亭

福久や 九頭龍餅 B

竹いち F

S 箱根カフェ・スイーツショップ P.73

箱根登山鉄道

箱根湯本駅 P.73

杉養蜂園箱根湯本店 E

箱根の市 S P.73

C 箱根カフェ P.73

P.83/P.125 萬翠楼福住 H

P.110 知客茶家 R

P.119 茶房うちだ C

温泉場入口

箱根湯本駅

P.114 豆腐処 萩野 S

I 菊川商店

P.112 はつ花そば 本店 R

早川

田雅重 H

鯛らーめん麺処 彩 P.115

R 箱根 sagamiya J

C ちもと

D 画廊喫茶ユトリロ

R 湯葉丼 直吉 P.110

P.77 湯処 早雲

A ステーキハウス吉池

早川

H 吉池旅館

湯本富士屋ホテル H

50m

須雲川

箱根かれー 心 P.115

H 田雅重
たがじゅう
MAP 付録P.17 F-1

名物のかまぼことわさび

かまぼこをはじめ、海産物や漬物など、地元名産品を扱っているみやげ処。人気はシコシコした食感の焼きぼこと国産わさびを使用した風味豊かなあらぎりわさび。

☎0460-85-5770　🏠箱根町湯本702　🕘9:00～17:30　🈂木曜　🚉箱根登山鉄道・箱根湯本駅から徒歩2分　🅿️なし

➡6枚入り1296円

➡人気商品の焼きぼこは、あらぎりわさびとの相性がぴったり

I 菊川商店
きくがわしょうてん
MAP 付録P.17 F-1

カステラ焼箱根まんじゅうは必食

半世紀以上にわたり箱根名物として人気を博しているカステラ焼箱根まんじゅうのほか、かまぼこや干物、寄木細工など箱根みやげを扱っている。

☎0460-85-5036　🏠箱根町湯本706-17　🕘9:00～18:00　🈂木曜（祝日の場合変動あり）　🚉箱根登山鉄道・箱根湯本駅からすぐ　🅿️なし

➡店頭で実演販売をしているので、焼きたてが食べられる箱根まんじゅう
➡1個80円

J 箱根sagamiya
はこね サガミヤ
MAP 付録P.17 F-1

手作りの木の実スイーツ

焼き菓子のほか、木の実を使ったスイーツの専門店。見た目にもかわいいスイーツが十数種類あり、木の実をふんだんに使ったナッツヴェゼルが人気。

☎0460-85-6610　🏠箱根町湯本706-35　🕘9:00～17:00　🈂無休　🚉箱根登山鉄道・箱根湯本駅からすぐ　🅿️なし

➡しっとり口どけのよい山のブラウニー
➡285円

効能たっぷりの湯に浸かる

日帰り湯で癒やしのひととき

豊富な湯量を誇る箱根湯本の温泉。
多彩な風呂が楽しめる大型温泉施設が人気

↑周囲の自然と一体となった洞窟風呂（女湯の野天風呂）。天山湯治郷　※湯治目的の施設のため来館は大人5名まで

風情ある多彩な野天風呂と湯上がり処が充実

天山湯治郷
てんざんとうじきょう

箱根湯本 **MAP** 付録P.10 B-3

源泉100％かけ流しで冬でも高温で湧き出す豊富な湯量を誇り、一年中加水せず、浴槽ごとに泉質と温度が異なる男湯5湯、女湯6湯がある。滋養料理やしゃぶしゃぶの店、カフェやみやげ処などもあり、のんびりとくつろげる。

☎0460-86-4126
所箱根町湯本茶屋208　営9:00～23:00（入場は～22:00）　休12月中旬頃　料1450円、1歳～小学生700円　交箱根登山鉄道・箱根湯本駅から湯本旅館送迎バスで10分（有料）　P140台

温泉 DATA

風呂数 露天風呂：9、内湯：2、貸切風呂：0（ほか女湯に蒸し風呂・サウナ、男湯に窯風呂あり）

泉質 塩化物質、単純温泉（アルカリ性）

↑川風が気持ちいい須雲川沿いの休憩所「ざしきぼっこ」

↑古代檜に漆塗りを施した湯殿

首都圏最大級19室の貸切個室露天風呂

箱根湯寮
はこねゆりょう

塔之沢 **MAP** 付録P.10 C-2

古民家風の里山をイメージした館内には明治～大正時代の家具や調度品が置かれ、全19室の貸切個室露天風呂を完備。絶景露天風呂や囲炉裏料理が楽しめる食事処、リラクゼーション施設がある。

☎0460-85-8411
所箱根町塔之沢4　営10:00～20:00（土・日曜、祝日は～21:00）入場は各1時間前まで　休無休　料1600円、小学生900円　交箱根登山鉄道・箱根湯本駅から無料送迎バスで約3分　P92台

温泉 DATA

風呂数 露天風呂：6、内湯：2、貸切風呂：19（別途貸切利用料が必要）　※ほか水風呂あり

泉質 単純温泉（アルカリ性）

↑里山の景色を一望する大浴場（左）。個室は3タイプで、2～4名が利用でき、予約は1カ月前から受け付けている（右）

※風呂数は男性用・女性用の総数を表示しています。

バイキングと組み合わせたプランが人気

湯処 早雲
ゆどころ そううん

箱根湯本 **MAP** 付録P.17 F-1

ゆったりとした内湯の大浴場のほか、檜と岩の露天風呂、貸切可能な家族風呂などがある。昼食を組み合わせた湯三昧プラン5500円〜(要予約)は、食事はバイキング寿司(土・日曜、祝日)、洋食、中華から選べる。

☎0460-85-6111
(湯本富士屋ホテル)
㊐箱根町湯本256-1 ㉗12:00〜20:00 ㉕無休
㊋2000円〜2200円、小学生1000円、幼児500円 ㉔箱根登山鉄道・箱根湯本駅から徒歩3分 Ｐ150台

↑露天は岩風呂と檜風呂の2種類

↑さらりとした湯は美肌効果が高い

温泉 DATA
風呂数	露天風呂:2、内湯:1、貸切風呂:4 (別途貸切利用料が必要)
泉質	単純温泉(アルカリ性)

↑貸切で利用できる家族風呂

自家源泉100%、男女ともに露天風呂が充実

湯遊び処 箱根の湯
ゆあそびどころ はこねのゆ

箱根湯本 **MAP** 付録P.10 C-3

男女別に内湯のほか、泡の出るバイブラ湯、打たせ湯、ジェットバス、寝湯の露天風呂がある。館内には無料の広間と有料の貸切個室があり、飲食物の持ち込みもできる。小型犬専用の露天風呂やペットと休める有料個室もある(要予約)。

☎0460-85-8080
㊐箱根町湯本茶屋100-1
㉗10:00〜22:00(最終受付21:00) ㉕不定休
㊋1100円、子供550円
㉔箱根登山鉄道・箱根湯本駅から車で10分 Ｐ60台

温泉 DATA
風呂数	露天風呂:6、内湯:2、貸切風呂:0
泉質	塩化物泉

↑アットホームな雰囲気が特徴

↑座敷の広間では、そばやうどんなどの軽食も食べられる

↑男女ともに大きな露天風呂にジャクジーやバイブラ湯がある

四季の風景と種類豊富な温泉が魅力

湯の里おかだ
ゆのさとおかだ

箱根湯本 **MAP** 付録P.10 C-3

湯坂山の中腹にあり、自然に囲まれた環境のなかで、岩風呂、ジェット風呂、打たせ湯、泡風呂、寝湯、サウナなど男女別6種類の風呂が楽しめる。個室で休憩＆昼食セットプランなどもある。

☎0460-85-3955
㊐箱根町湯本茶屋191
㉗6:00〜9:00 11:00〜23:00(受付は〜22:00) ㉕不定休
㊋1450円、子供600円(早朝1000円、子供500円)
㉔箱根登山鉄道・箱根湯本駅からシャトルバスで5分 Ｐ70台

温泉 DATA
風呂数	露天風呂:10、内湯:2、貸切風呂:1 (別途貸切利用料が必要)
泉質	単純温泉(アルカリ性)

↑落ち着いた雰囲気の無料休憩室

↑心身ともにリラックスできる寝湯

↑開放感のあるジェット風呂(男湯)で、疲れを癒やせる

7

畏敬の対象からグローバルな癒やしの観光地へと変貌

ハイカラ温泉地への道のり

日本屈指の温泉地で知られる箱根は、さまざまな伝説、神話、奇譚に包まれた太古から、戦国時代を経て、明治には文明開化も担った。箱根の悠久の歴史をひもといてみる。

鎌倉時代以前

万巻上人が箱根権現を創建

信仰の聖地・箱根山

かつて恐ろしい山だった箱根は、山岳信仰の聖地となり、奈良時代には万巻が入山する

　日本では山は古代から神聖な存在で、山全体をご神体とする神社も珍しくない。神山(標高1438m)を主峰とする三重式火山の箱根は、かつては魔物が棲むとされ、誰も近づこうとは思わない恐ろしい山だった。

　奈良時代になると箱根山は駒ヶ岳を中心として山岳信仰の聖域となっていた。天平宝字元年(757)には朝廷の命で聖僧・万巻上人が箱根山に入山し、駒ヶ岳や神山での修行・苦行を経て、お告げによって三所権現を勧請し箱根権現とした。箱根山中にはさまざまな神が祀られていて、山全体が霊山といっても過言ではない。

鎌倉時代

源頼朝が二所詣により崇拝

沐浴で身を清めてから

挙兵を援助してくれた伊豆山権現と箱根権現
二所詣は鎌倉時代末期まで続く

　二所詣とは鎌倉幕府の将軍が正月に伊豆山権現と箱根権現を参詣する恒例の行事をいう。この2つの権現を、源頼朝は治承4年(1180)の挙兵に対し援助を受けたことで篤く崇敬していたためだ。最初の二所詣は文治4年(1188)で、300騎が同行したと記録に残る。

　その行程は初期は鎌倉～走湯山(伊豆山)～三嶋社～箱根山～鎌倉だったが、のちに鎌倉～箱根山～三嶋社～走湯山(伊豆山)～鎌倉に変更された。箱根湯坂路は箱根権現への参詣道だったが、二所詣によりさらに整備が進んだとされる。

　2代将軍・頼家は詣でなかったとされるが、3代将軍・実朝は7回も参詣したという。その際に詠んだ「箱根路をわが越えくれば伊豆の海や沖の小島に波の寄るみゆ」が『金槐和歌集』に載せられている。二所詣は嘉暦2年(1327)まで続き、北条政子も行っている。

九頭龍伝説　毒龍が龍神に姿を変えた

　昔、芦ノ湖に毒龍が棲み、人々を苦しめていた。箱根山に入峰修行中の万巻上人が、箱根大神の霊力を授かって毒龍を調伏し、芦ノ湖の守護神・九頭龍大神として神社にお祀りしたことが、九頭龍神社の始まり。

金太郎伝説　金太郎の故郷は金時山

　足柄山(金時山)山中で姥に育てられた金太郎(のちの坂田金時)にまつわる伝説。あるとき枯れ枝が目に刺さって目が見えなくなったが、姥子温泉の湯で洗ったところ完治したという。姥子温泉は今も眼病に効く温泉として知られ、湯治客が集まる。

◆金太郎を題材にした浮世絵は数多い〈月岡芳年『金時山の月』(『月百姿』より) 国立国会図書館蔵〉

街道の変遷

乙女峠
明神ヶ岳
丸岳▲
長尾峠
足柄路
台ヶ岳▲
碓氷峠
木賀温泉
宮ノ下温泉
堂ヶ島温泉
底倉温泉
塔之沢温泉
湯本温泉
九頭龍神社本宮 ⛩
姥子温泉
冠ヶ岳
箱根元宮 ⛩
神山
浅間山
芦之湯温泉
箱根路（湯坂路）
卍早雲寺
湖尻峠
駒ヶ岳
鷹巣山▲
三国山▲
上二子山▲
箱根神社 ⛩
旧東海道（箱根八里）
（箱根新道）
芦ノ湖
下二子山▲
駒形神社 ⛩
山伏峠
屏風山▲
白銀山▲
箱根関所
箱根峠 ⛩

足柄路

律令時代の東海道の本道で、東国と畿内を結んでいたという。『万葉集』にも登場している古道。江戸時代には矢倉沢往還、あるいは大山詣への参詣道だったので大山街道ともいう。

箱根路（湯坂路）

富士山の噴火で足柄路が利用できなくなったため、鎌倉時代に開かれた箱根越えのための鎌倉古道。江戸期には旧東海道の本道となる。現在はハイキングコースとなっている。

旧東海道（箱根八里）

徳川家康は慶長8年（1603）8月に東海道に一里塚を設置、箱根では4カ所に置かれた。いわゆる箱根八里とは、小田原宿〜箱根宿の4里と箱根宿〜三島宿の4里を合わせたもの。

室町時代 箱根山を越えて小田原城へ

北条早雲の活躍
ほうじょうそううん

後北条氏の祖とされる謎の多い戦国大名
箱根山を支配するために息子を箱根権現へ

　北条早雲の生涯は、司馬遼太郎の長編小説『箱根の坂』に詳しく描かれているが、戦国大名の先駆けであり、後北条氏の祖とされる早雲は北条を称したことはなかったとか、享年も88歳とか64歳であるとか、謎の多い武将である。
　明応4年（1495）に小田原城を奪取、同6年（1497）には伊豆平定、永正13年（1516）に相模平定。相模に進出し、関東支配を狙った早雲は箱根山を重視しており、例えば4男・北条幻庵（菊寿丸）を箱根権現の別当に送り込んだりもしている。

太閤石風呂 秀吉が兵士慰労のために掘削
たいこういわぶろ

豊臣秀吉が小田原攻めの際に、兵をねぎらうために造ったとされる天然温泉の露天風呂。蛇骨川の岸辺の岩を掘ったもので、縦1m、横3mほどある。現在は枯渇して跡のみが遊歩道から見学できる。**MAP** 付録P.9 D-2

🏠箱根町底倉　🚃箱根登山鉄道・宮ノ下駅から徒歩15分

早雲寺 ➡P.72
そううんじ

箱根湯本 **MAP** 付録P.17 F-2

父・北条早雲の遺志を守り、大永元年（1521）に、息子の後北条氏第2代当主・北条氏綱が創建。焼失などを経て荒廃するが、慶安元年（1648）に将軍家光の朱印状によって復興。

⬛ 臨済宗大徳寺派の寺で、国の重要文化財「絹本淡彩北条早雲像」がある

箱根元宮
はこねもとつみや

芦ノ湖周辺 **MAP** 付録P.13 D-1

箱根神社の奥宮で、駒ヶ岳山頂に鎮座する。鳥居近くには白馬の伝説がある「馬降石」も。富士山や芦ノ湖の景観も素晴らしい。

🏠駒ヶ岳山頂　🕐箱根駒ヶ岳ロープウェー運航時間内　🚃箱根駒ヶ岳ロープウェー・駒ヶ岳頂上駅から徒歩5分　💴なし

箱根神社 ➡P.56
はこねじんじゃ

芦ノ湖周辺 **MAP** 付録P.14 A-2

奈良時代に万巻上人が創建。箱根大神をお祀りする。

九頭龍神社本宮
くずりゅうじんじゃほんぐう

芦ノ湖周辺 **MAP** 付録P.12 A-1

芦ノ湖の守護神・九頭龍大神をお祀りする社。➡P.57

駒形神社
こまがたじんじゃ

箱根旧街道 **MAP** 付録P.14 A-4

箱根町箱根の鎮守さま。境内には箱根七福神の毘沙門天社も。🏠箱根町箱根芦川1290　🚃芦川入口バス停から徒歩3分

江戸幕府が東海道を整備

箱根関所の創設

「人見女」まで動員して「出女」には厳重な
検査を実施。男装だって容赦はしない

　慶長6年（1601）に徳川家康は宿駅伝馬制度を制定し、東海道に宿場を設け整備した。このとき箱根は宿に指定されていなかったが、西国大名からの要請で箱根宿が新設されたのは元和4年（1618）のこと。翌年（1619）には天下の険といわれる箱根山上に箱根関所が設置された。特に箱根関は、人質として江戸に置いた大名の妻子の帰国を防ぐため、「出女」には厳しかった。

　寛政期になると、箱根道沿道では村の境界を定め、範囲を確定する「村切」が実施され、湯本村や畑宿などの村が誕生し、各村には旅人や伝馬、道路普請の人足らの休息場が設けられた。

庶民が旅を楽しむ時代に

湯治場として賑わう

箱根宿の設置や伝馬制度の制定など、
東海道の整備が湯治湯・箱根を認知させた

　東海道は参勤交代の制度化で往来する約150藩の大名行列や、一般庶民の「お伊勢参り（おかげまいり）」や神社仏閣への参詣、物見遊山の旅人などで賑わった。これは箱根の新設や伝馬制度の整備などによる。伝馬制度は物資の運搬や情報伝達の迅速化などを目的に、宿駅に人馬や宿を提供させるものだ。ちなみに正月恒例の「箱根駅伝」の駅伝はこの"駅"と"伝馬"が由来だという。

　湯治場も興隆し始め、塔之沢には新しい温泉も発見された。江戸前期には箱根七湯として関東を中心とする広い範囲に知られ、箱根は湯治場として確立していく。

⬆山あいの街道には箱根関所に向かって坂を下る大名行列が描かれ、崖の向こうには箱根権現らしい社殿が見える〈歌川広重『東海道五拾三次之内　箱根　湖水図』国立国会図書館蔵〉

⬆大名が箱根関所を通る様子。高札（こうさつ）には大名は駕籠の戸を開けて通れと指示がある。御三家や旗本、大名は取り調べは「改めなし」で上り（上方面へ）も下り（江戸へ）も通過できた〈箱根町立郷土資料館蔵〉

人見女　出女を取り調べる女性取調官

　箱根関所で特に厳しかったといわれる「出女」の取り調べは、「人見女」と呼ばれる2人の女性によって行われ、関所詰番人の母や妻がその役割を担っていた。写真のない時代、通行手形には人相や髪についても記載されており、出女は結ってある髪をといてまで調べられたという。

温泉宿の攻防　一夜湯治をめぐる論争

　古くからの湯治場であった箱根は7日間逗留が基本だった。しかし江戸後期になると富裕層らにより湯治療養を目的としない温泉行楽という風潮が生まれ、1泊客が増えて湯本などが人気となる。これは近隣の小田原側の旅籠にとっては死活問題であり、文化2年（1805）に五街道を管理する道中奉行に一夜湯治の中止を訴えるが、湯本側の主張どおり公認された。

観光地としての発展
箱根を訪れた外国人

鎖国時代の江戸の昔から博物学的な研究心と好奇心で箱根を観察した外国人がいた

元禄3年（1690）に来日したドイツ人医師・博物学者のケンペルは何度か箱根越えをし、芦ノ湖の魚類について記録している。スウェーデンの植物学者ツェンベリーは安永4年（1775）に医師として出島に赴任し、江戸参府の途中、箱根で多くの植物を採取。文政9年（1826）に箱根を訪れたシーボルトは関所の様子や寄木細工を見たという記録を残している。フランス人のボーヴォワール伯爵は宮ノ下での温泉体験を『ジャポン1867年』に詳細に書いているのがおもしろい。

湯本

木賀

底倉

宮ノ下

芦之湯

塔之沢

堂ヶ島

⤴ 広重は嘉永4年（1851）5〜6月に湯本に滞在し、箱根七湯をまわり、その成果を浮世絵として発表した〈歌川広重『箱根七湯図会』国立国会図書館所蔵〉

⤴ 広重が宿泊先・福住旅館（現在の萬翠楼福住 P.125）の主人・福住九蔵の依頼で制作したもの。手前の橋が三枚橋で、描かれている道が七湯道。九蔵は『箱根湯本福住九蔵宅図』も依頼している〈歌川広重『七湯方角略図』国立国会図書館蔵〉

ケンペル・バーニーの碑
ケンペル・バーニーのひ
箱根旧街道 **MAP** 付録P.14 B-2

元禄時代に活躍して『日本誌』を書いたドイツ人医師・博物学者ケンペルと大正時代に箱根の自然を愛したイギリスの貿易商バーニーの2つの碑からなる。
所 箱根町元箱根
交 元箱根港バス停から徒歩5分

箱根の温泉史

天平10年（738）	湯本温泉開湯（箱根で最古）
元弘元年（1331）	堂ヶ島温泉開湯
応永5年（1398）	宮ノ下温泉開湯
天正18年（1590）	豊臣秀吉が底倉温泉で岩風呂を掘らせた
慶長10年（1605）	塔之沢温泉開湯
正保元年（1644）	木賀温泉の湯が箱根温泉としては初めて徳川家光に献上された
文化8年（1811）	『七湯の枝折』発行
文化14年（1817）	温泉番付で芦之湯が東前頭二枚目に ※箱根七湯と呼ばれる 姥子が加わり箱根八湯に
明治19年（1886）	『日本鉱泉誌』に姥子と仙石原が加わり箱根九湯に
明治23年（1890）	湯ノ花沢温泉開湯 ※小涌谷温泉、強羅温泉を加えて、箱根十二湯と数えられるようになる
昭和26年（1951）	大平台温泉誕生（引湯）
昭和33年（1960）	宮城野温泉開湯（引湯）
昭和38年（1963）	二ノ平温泉開湯
昭和41年（1966）	芦ノ湖温泉開湯（引湯）
昭和62年（1987）	温泉湧出、1993年に蛸川温泉として開湯

※箱根十七湯。その後開発された大涌谷、早雲山、湖尻を加えて二十湯と呼ばれることもある

明治時代 関所の廃止

新しい時代の幕開き
箱根関所の廃止

泣く子も黙る250年の関所の歴史に終止符
神社仏閣には神仏分離・廃仏毀釈の災厄が

元和5年（1619）に開設された、「日本四大関所」のひとつとされ、その厳しさで知られた箱根関所は、明治2年（1869）に廃止された。

新政府により、明治元年（1868）に神仏分離令が出されると、権現などの仏教的神号を持つ神社が問題となり、さらに仏像などが神社から追放された。廃仏毀釈の嵐が吹き荒れるのは時間の問題だった。元箱根の箱根権現も箱根神社となり、別当寺の東福寺は廃寺となってしまう。おびただしい量の仏像・仏具が破壊されたり、売却されたという。〝毀釈〟とは釈迦の教えを棄てること。

明治時代 インフラ整備

道路の整備
宿主たちの奮闘

箱根山の近代化のために、福沢諭吉の助言や
地元有力者の資金と熱意で道が開削された

箱根にとって道路というインフラの近代化はどうしても必要な事業だった。湯本～小田原間の車道（人力車用）は湯本村の名主・福住正兄が中心となって明治13年（1880）に完成。小田原～塔之沢間の開削が進んだが、塔之沢～宮ノ下間の開削は富士屋ホテルの創業者・山口仙之助によって明治20年（1887）には完成している。開削が完了すると竹の棒に椅子をくくりつけ、4～6人でかついで人を運ぶ〝チェア〟と呼ばれる乗り物が使われるようになった。

宮ノ下を中心に観光客が増え、明治37年（1904）には宮ノ下～箱根間の道路も完成。やがて現在の国道1号となる。

箱根山戦争　鉄道をめぐる争い

昭和30年代（1955～）に箱根を舞台に、小田急と西武両グループによる交通輸送をめぐる紛争が展開された。西武グループの堤康次郎は駿豆鉄道（現・伊豆箱根鉄道）の経営権を取得する。この鉄道と五島慶太が率いる小田急グループ傘下の箱根登山鉄道が、箱根のバス路線と芦ノ湖の観光船で激突、西武サイドの自動車専用道路をめぐっても訴訟争議となった。

富士屋ホテル vs 奈良屋旅館　外国人客をめぐって

外国人顧客をメインとして創業した富士屋ホテルだが、当時すでに奈良屋（2001年に廃業）という老舗旅館が同じ宮ノ下で営業し、外国人ゲストを一手に受け入れていた。両者はいわばライバル的存在で、長い間にわたって熾烈な戦いを繰り広げたが、明治26年（1893）、ついに富士屋は外国人客専用、奈良屋は邦人専用とする契約書を交わした。この契約は大正元年（1912）まで続いた。

⬆ 明治20年（1887）、塔之沢～宮ノ下間の道路約7kmが開通

⬆ 明治20年（1887）に宮ノ下まで開削された道路に、その翌年頃から椅子を棒にくくりつけて4～6人で運ぶ乗り物〝チェア〟が登場

⬅ 大正3年（1914）、富士屋ホテルの山口正造は富士屋自働車株式会社を設立し、大正8年（1919）からは乗合自動車の運行を始めている

写真提供：富士屋ホテル

時代を超えて生き続ける「名建築」に出会う

箱根の有形文化財

壮麗・華麗・豪華・重厚…どんな言葉でも形容しきれない特別なたたずまいのなかで過ごす贅沢を味わってみたい。文化的にも芸術的にも歴史的にも貴重な、箱根町の有形文化財に足を運ぶ。

萬翠楼福住 ➡P.125
ばんすいろうふくずみ
箱根湯本 MAP 付録P.17 D-2

寛永2年(1625)創業、箱根屈指の老舗旅館。現存する、営業中の旅館として初めて国指定重要文化財に指定される。

福住楼 ➡P.124
ふくずみろう
塔之沢 MAP 付録P.10 C-2

塔之沢温泉に建つ、明治23年(1890)創業の老舗旅館。数寄屋造りの意匠を凝らした建物で、竹が持つ美しさが評価される。

元湯 環翠楼 ➡P.124
もとゆ かんすいろう
塔之沢 MAP 付録P.10 C-2

伊藤博文が命名した創業約400年の温泉宿。広重の『箱根七湯図会 塔の澤』にも描かれている。皇女和宮様終焉の地としても知られる。

富士屋ホテル ➡P.31／P.84
ふじやホテル
宮ノ下 MAP 付録P.16 A-3

本館、西洋館(1号館、2号館)、花御殿、食事棟、菊華荘は国の登録有形文化財と近代化産業遺産になっている。

芦ノ湖畔や箱根駒ヶ岳に箱根を感じる

絵画に描かれた箱根

浮世絵などを除けば箱根をテーマに、あるいは背景とした名画は意外と少ない。黒田清輝の『湖畔』の水彩的な、清潔感あふれるみずみずしさ。中川一政は箱根駒ヶ岳を格闘するように描いたという。

黒田清輝
『湖畔』 1897年
明治30年(1897)に避暑で箱根に滞在したときに描かれたもので、明治33年(1900)にはパリ万国博にも出品された作品。湖はいうまでもなく芦ノ湖。当時23歳の妻がモデルだ。
〈東京国立博物館蔵〉
写真提供:東京文化財研究所

黒田清輝くろだ せいき(1866〜1924)
鹿児島県鹿児島市生まれ。明治17年(1884)から26年(1893)までフランスに留学。外光派とよばれる印象派の影響を受けた画風を確立。美術教育者としても多大に貢献。『智・感・情』などが知られる。

中川一政 なかがわ かずまさ(1893〜1991)
東京本郷生まれ。岸田劉生の知遇を得て、画家を目指す。昭和24年(1949)に神奈川県真鶴町にアトリエを開設。昭和50年(1975)に文化勲章受章。独学で洋画から水墨画、陶芸、随筆、書などマルチにこなした。

中川一政
『駒ヶ岳』 1982年
『駒ヶ岳』連作のひとつ。昭和42年(1967)から十数年にわたって40点以上もの駒ヶ岳の風景を描いたという。真鶴町にある「真鶴町立中川一政美術館」でそれら迫力ある作品が見られる。
〈真鶴町立中川一政美術館蔵〉

箱根をハイカラリゾートに育てた歴代宿主の功績
富士屋ホテル物語

140余年の歳月を生きて今も箱根に燦然と輝く富士屋ホテル。その波乱と
栄光に富んだ歴史は、そのまま箱根の生きた現代史でもある。伝統はさらに未来へと続く。

牛を売却した資金でホテル創業
仙之助は何を夢見たのか

　3代目経営者・山口正造自身が設計した「花御殿」の地下1階にあるホテル・ミュージアムには58冊のレジスターブック（宿帳）が保存されていて、そこにはチャップリンやジョン・レノン、ツイッギーらの名が見える。この興味深いホテルの創業者・山口仙之助は、明治4年（1871）に米国に渡り、牧畜業を営む目的で種牛7頭を購入した。しかし、帰国後、慶應義塾に学び、福沢諭吉の助言もあって、それらの牛を売却して資金とし、ホテル業に転身することを決意する。

　まず、宮ノ下にあった老舗旅館を買収・改築し、明治11年（1878）に外国人客をメインとする富士屋ホテルを開業するが、明治16年（1883）には全焼してしまう。しかし翌年には木造平屋の、のちに「アイリー」と呼ばれる建物を復興する。明治24年（1891）には社寺建築風の本館が竣工。火力発電による電灯がともされた。明治39年（1906）になると西洋館1・2号館が完成。これら2棟は和と洋が見事に融合した2階建てのコテージ風の建物で、客室には清潔感があふれる。

　大正3年（1914）に藍綬褒章を受けた仙之助は翌年に死去。享年64。盛大な葬儀だったという。

↑500年の歴史を持つ温泉旅館「藤屋」を買収、洋風に改築して、明治11年（1878）に富士屋ホテルという名称で開業

→明治24年（1891）に竣工した本館は、同ホテルで最も歴史のある社寺建築風の建物で、瓦葺き屋根や唐破風の玄関を特徴とする。火力発電による電灯も設置した最先端のホテルでもあった

創業者の山口仙之助（嘉永4年〜大正4年《1851〜1915》）は、明治22年（1889）に宮ノ下にあった温泉村の村長にもなり、長く務めた。また、ホテルの創業ばかりではなく、発電事業や宮ノ下〜塔之沢間の道路を開削するなどして、箱根の近代化にも大きな足跡を残した

金谷ホテルから入婿した山口正造は新しいもの好きで、大正6年（1917）には日本で2番目のパブリックゴルフ場・富士屋ホテル仙石ゴルフコースを開場している。正造の髭はホテルの看板でもあり、昭和6年（1931）には「万国髭倶楽部」を設立して独自の国際交流を図った

⬆ 明治39年（1906）、1・2号館が完成（現在はそれぞれ「カムフィ・ロッジ」「レストフル・コテージ」と呼ばれる）。木造2階建ての建物で、明治の空気が漂う

➡ 大正9年（1920）、鉄筋コンクリート造り、タイル張りの内装、当時最新の電気式設備を採用した〝東洋一〟の厨房が竣工。天井は総ガラス張りで自然光が降り注ぐ

➡ 昭和11年（1936）、山口正造が設計した花御殿が竣工。客室には部屋番号の代わりに花の名前がつけられ、その花がインテリアのモチーフにもなっている

世界一を目指す山口正造は次々と新機軸を打ち出した

現・日光金谷ホテルの創業者・金谷善一朗の次男・金谷正造が、仙之助の長女・孝子と結婚し婿入りして山口正造となったのは明治40年（1907）のことだった。正造は18歳から渡米・渡英し、7年間におよぶ外国生活を体験している。

正造は富士屋ホテルを世界一にしたいと考え、厨房と冷蔵庫を大正9年（1920）に新築。当時厨房は東洋一といわれた。建築道楽と評された正造は昭和11年（1936）、自ら設計した「花御殿」を建造、「フラワー・パレス」として広く知られる。社寺建築風のユニークな外観ばかりではなく、室内も凝りに凝った意匠で美しい。ほかに温泉の室内プールも設けられた。

ヘレン・ケラーも宿泊した「花御殿」の完成は、富士屋ホテルにとってひとつの画期だったといえるだろう。しかし戦火はすぐそこまで迫っていた。

戦中・戦後の厳しい時代を乗り越えて未来に向かう

昭和19年（1944）に正造が死去、享年61。仙之助の次女・貞子と結婚して養子となった（倍井）堅吉が代表取締役に就任し、富士屋ホテルは苦難の時代を迎える。戦局は厳しさを増し、昭和20年（1945）8月には小田原にまで空襲がおよんでいたが、終戦。10月にGHQに接収され、マッカーサー夫人らが休暇を過ごしている。

昭和27年（1952）に接収解除、同29年（1954）には一般営業が再開されるが、客足は遠のいた。そこで山口堅吉が企画したのが今では当たり前となったイベントによる集客で、好評を得たという。

➡ 昭和29年（1954）6月に、GHQへの施設貸与が終了、同年7月6日に一般営業開始。それを告知するためのポスターが作られた

⬆ メインダイニングルーム・ザ・フジヤの天井には636種類の高山植物が描かれている

⬆ 食堂棟には山口正造の実家と縁の深い、日光東照宮を思わせる彫刻が施されている

箱根歴史年表

西暦	元号		将軍	事項
738	天平	10		箱根で最古の湯本温泉開湯
757	天平宝字	元		泰澄弟子"浄定坊"が湯本温泉を開いたと伝わる
				万巻上人、箱根権現(現・**箱根神社**⊃P.56)を創建
802	延暦	21		富士山噴火
1180	治承	4		源頼朝、石橋山の戦に敗れ、箱根山中に逃れる
1188	文治	4		源頼朝、二所詣スタート
1192	建久	3	源頼朝	源頼朝、征夷大将軍になる
1228	安貞	2	藤原頼経	箱根権現、炎上
1277	建治	3	惟康親王	金沢貞将、湯本で湯治
1280	弘安	3	惟康親王	歌人・飛鳥井雅有、紀行文に芦ノ湯温泉の記述を残す
1335	建武	2		足利尊氏、北条時行軍を破る
1495	明応	4	足利義澄	北条早雲、箱根山から**小田原城**⊃P.134を攻め落とす
1523	大永	3	足利義晴	北条氏綱、箱根権現を再造営
1556	弘治	2	足利義輝	畑宿で合器(挽物)商売の自由が認められる
1581	天正	9	足利義昭	北条氏政、三島〜湯本間の道路改修を指示
1590		18		秀吉が箱根山を越え、家康鷹の巣城を落とす
1603	慶長	8	徳川家康	徳川家康、征夷大将軍になる
1605		10		阿弥陀寺の弾誓上人、塔之沢温泉を発見する
1618	元和	4	徳川秀忠	箱根宿を開設
1619		5		**箱根関所**⊃P.60の開設
1625	寛永	2	徳川家光	福住旅館(現・**萬翠楼福住**⊃P.125)創業
1626		3		仙石原関所の開設
1644	正保	元		木賀温泉から徳川家に献上湯
1666	寛文	6	徳川家綱	箱根用水工事に着手
1672		12		小田原城主の稲葉正則、宮ノ下で湯治
1680	延宝	8		箱根道を石畳(**旧街道石畳**⊃P.62)に
1691	元禄	4	徳川綱吉	ドイツ人医師・博物学者ケンペルが箱根関所を通過
1707	宝永	4		東海大地震、富士山噴火
1729	亨保	14	徳川吉宗	幕府献上の象が箱根関所を通過
1781	天明	元	徳川家治	鳥居清長『箱根七湯名所』を刊行
1782		2		天明の大飢饉
1805	文化	2	徳川家斉	一夜湯治をめぐる論争
1811		8		箱根七湯絵巻『七湯の枝折』
1812		9		箱根宿大火災、136軒が焼失する

西暦	元号		将軍	事項
1843	天保	14	徳川家慶	箱根七湯の湯宿経営に関する営業協定を結ぶ
1852	嘉永	5		歌川広重『箱根七湯図会』
1853		6		ペリー、浦賀に来航
1854	安政	元	徳川家定	広重、福住正兄の注文で『七湯方角略図』を描く
1861	文久	元	徳川家茂	将軍家茂、箱根道石畳を全面改修
1867	慶応	3	徳川慶喜	ボーヴォワール、宮ノ下で入湯
1868	明治	元		明治維新
1869		2		箱根関所が廃止
1870		3		芦ノ湖で渡船業が始まる
1873		6		福沢諭吉、塔之沢福住にて、箱根山車車道開削を提言
1878		11		山口仙之助、外人専門の**富士屋ホテル**⊃P.31を開業する
1883		16		宮ノ下の大火で、富士屋ホテルと奈良屋旅館が焼失
1886		19		榎本猪三郎、森田吉兵衛らにより、小涌谷誕生 湯本〜塔之沢間の道路開通
1887		20		塔之沢〜宮ノ下間の道路開通
1891		24		富士屋ホテルに自家用発電機。箱根に初めて電気が通る
1892		25		水力発電開始、電灯がともる
1904		37		宮ノ下〜芦之湯〜箱根町間の道路開通
1912	大正	元		宮ノ下〜仙石原〜長尾峠〜御殿場間の道路開通 湯本〜強羅間に**箱根登山電車**⊃P.66開通
1920		9		第1回東京箱根間大学駅伝競走開催
1923		12		関東大震災
1931	昭和	6		塔之沢函嶺洞門竣工
1935		10		強羅〜早雲山間**箱根登山ケーブルカー**⊃P.67開通
1936		11		箱根町〜大観山〜湯河原間の道路開通
1945		20		終戦。GHQが富士屋ホテルを接収
1950		25		箱根観光船開業
1952		27		富士屋ホテル、強羅ホテルの接収解除
1957		32		小田急特急ロマンスカー運行開始 駒ヶ岳ケーブルカー開通
1965		40		箱根ターンパイク(現・アネスト岩田ターンパイク箱根)開通
1969		44		東名高速開通

アート・文化

❖

緑のなかに著名な作家の彫刻が
無造作に点在する彫刻の森美術館、
膨大かつ貴重なコレクションを
公開している岡田美術館や
ポーラ美術館など、
箱根には価値ある
美術館が数多くある。

世界の
貴重なアート
作品が集結

箱根の山で自然とアートが響き合う
貴重なコレクションと出会える
箱根のアートスポット

専門性が高く、膨大な作品を収蔵する美術館は、じっくりと時間をかけてまわる価値がある。開放的な環境で、のびのびとアートに親しむ一日を過ごしてみてはいかが。

彫刻の森美術館
ちょうこくのもりびじゅつかん
強羅 MAP 付録 P.8 C-2

箱根の美しい自然に囲まれた
オープンエア・ミュージアム

◆彫刻作品はもちろん、植栽などすみずみまで手入れの行き届いた気持ちのよい空間が広がる

広々とした青空と緑の山々を背景に、のんびりと散策しながら一流のアートにふれることのできる野外美術館。昭和44年(1969)の開館時から繰り返し通うファンも多い。広大な敷地にオーギュスト・ロダンやヘンリー・ムーアなど、巨匠の貴重な彫刻作品約120点が点在。さらに館内のカフェ、レストラン、ミュージアムショップには、いずれも美術館のお眼鏡にかなった素敵なアイテムやおいしいメニューが用意されている。入館者が無料で使える足湯などとともに、時間をかけて過ごしたい快適な施設だ。

☎0460-82-1161 ㉐箱根町二ノ平1121 ㉕9:00～17:00 ㉓無休 ㉕1600円、高校・大学生1200円、小・中学生800円 ㉓箱根登山鉄道・彫刻の森駅から徒歩2分 ㉟あり(有料)

◆ニキ・ド・サン・ファールの『ミス・ブラック・パワー』。野外の展示作品は約120点

美術館のココにも注目!

源泉かけ流しの足湯
自然とアートを前に足湯でのんびり。タオルはすぐ脇で購入も可。100円と格安でおしゃれ。

美術館のおみやげ店
美術館が選んだアーティスティックな雑貨やおしゃれなおみやげが見つかる。旅の記念にお気に入りの一品を。

彫刻の森美術館

歩く花
ピカソ館
水浴びする女No.6
The Hakone Open-Air Museum Café C
足湯
山野を歩くヴァン・ゴッホ
丸太広場キトキ
ネットの森
幸せをよぶシンフォニー彫刻
ポケっと
緑陰広場
若い女
浮かぶ彫刻3
母と子:台座
円形広場
アートホール
本館ギャラリー
横たわる像:アーチ状の足
ミス・ブラック・パワー
密着III
偉大なる物語
サン・ヴィゴール・ド・ミュー礼拝堂箱根ヴァージョン
彫刻の森駅
入場券売場
P.97
S ショッピングモール
R 彫刻の森ダイニング
R ベラフォレスタ
R マルチホール
交叉する空間構造
箱根登山鉄道
0　50m

**中はまるで万華鏡
ステンドグラスのタワー**
幸せをよぶ
シンフォニー彫刻

フランス人アーティスト、ガブリエル・ロアールの作品。カラフルなステンドグラスの塔の中心をらせん階段で上る。まるで万華鏡の中に迷い込んだような幻想的な空間が楽しめる。

➡アートの中に入れる稀有な作品。最上部は展望台になっている

鑑賞のポイント

大空の下、箱根の自然と澄んだ空気を満喫したい

ムーアにピカソ、世界の巨匠の作品を見逃すべからず

100％天然かけ流しの温泉足湯で散歩の疲れを癒やす

**自然を背景に味わう
ムーア作品11点**
ヘンリー・ムーア
コレクション

屋外に彫刻を配することを好んだヘンリー・ムーアの作品にとって最高の環境。四季の自然も作品の一部だ。

➡ヘンリー・ムーアの『母と子：台座』

➡幅広い年齢層に愛される美術館。親子3世代で一緒に楽しむファミリーの姿も多い

**絵画から陶芸作品まで
多彩なコレクションを展示**
ピカソ館

敷地の一角にピカソ館があり、20世紀を代表する巨匠が創作した数々の作品が展示されている。

➡ピカソ館横に立つフェルナン・レジェの『歩く花』も美術館のシンボル

グルメスポット

彫刻の森ダイニング
ちょうこくのもりダイニング

晴れた日には相模湾まで一望

窓が大きく、美術館の敷地はもちろん、山々や海が見渡せるレストラン。国産の新鮮な食材を使った質の高い洋食メニューが味わえる。カレーも人気。

☎0460-82-1141　営10:00〜17:00(LO16:30)
￥Ⓛ1100円〜

➡ほとんどの席が窓際にしつらえられている

➡ローストビーフとトロトロの牛肉を使ったビーフカレー1650円

➡4種のチーズを贅沢に使ったマルゲリータ1750円

The Hakone Open-Air Museum Café
ザ ハコネ オープンエア ミュージアム カフェ

居心地抜群。緑感じる屋内カフェ

セルフサービスのカフェながら、illyのコーヒー、湯島の日本茶専門店・大佐和老舗の茶葉を使った日本茶セットなど、厳選されたメニューを用意。

☎0460-82-1141　営9:00〜17:00(LO16:30)
￥コーヒー450円〜

➡店内で菓子などのオリジナル品も販売

➡足柄きんたろう
牛乳の自家製ソフトクリーム450円

➡焼き菓子が評判の吉祥寺ステファノアンナのファゴッティーノ650円

ポーラ美術館

ポーラびじゅつかん
仙石原 **MAP** 付録 P.5 E-4

アートの森で響き合う
自然と芸術のハーモニーを堪能

平成14年(2002)に仙石原(せんごくはら)に開館。コレクションはポーラ創業家2代目・鈴木常司(すずきつねし)が収集した約1万点もの美術作品からなる。西洋絵画や日本の絵画をはじめ、現代アート、東洋陶磁、ガラス工芸、化粧道具まで収蔵品は多岐にわたる。また森の景観と調和を図った外観や、その貴重な景観に配慮して施設の大半を地下に埋設したユニークな建物も注目されており、さながらヒメシャラの森に囲まれたリゾートのような雰囲気を醸し出している。

☎0460-84-2111 **所**箱根町仙石原小塚山1285 **時**9:00～17:00(入館は～16:30) **休**無休(展示替えのための臨時休館あり) **料**1800円、65歳以上1600円、高校・大学生1300円、中学生以下無料 **交**箱根登山鉄道・強羅駅から観光施設めぐりバスで13分、ポーラ美術館下車すぐ **P**163台

注目ポイント

遊歩道を歩き箱根の自然を満喫
ブナやヒメシャラが群生する富士箱根伊豆国立公園にある美術館。「森の遊歩道」では野鳥のさえずりや時折姿を見せる小動物を愛でながら散策を楽しむことができる。ブナ、ヒメシャラ観賞ポイントのほか、点々と置かれた彫刻も見逃せない。

○全長約1km、散策所要時間40分。季節によってさまざまな鳥が訪れる

グルメスポット

レストラン アレイ

アートの世界をランチでも堪能
自然との一体感を感じる明るい店内で欧風料理が楽しめる。企画展に合わせて作品の舞台や世界観を料理で表現する、オリジナルメニューが人気。

☎11:00～16:00(LO) **料**企画展メニュー4000円ほか

○前菜からメイン、デザートまで楽しめる

△豊かな森に溶け込むように建つポーラ美術館

鑑賞のポイント

まずは企画展を堪能してから、常設展の印象派絵画を鑑賞

現代アートの展示にも力を入れており注目

メアリー・カサット
『**劇場にて**』 1878-79年頃
アメリカ出身の印象派画家による、パリのオペラ座での近代生活の一場面を描いた作品

ケリス・ウィン・エヴァンス
『**照明用ガス…
(眼科医の証人による)**』 2015年
現代のイギリスを代表するアーティストによるネオン管を用いた巨大な彫刻作品

クロード・モネ
『**睡蓮の池**』 1899年
フランス・ジヴェルニー村の自宅に自身で作りあげた幻想的な庭を、時間や季節を変えて描いた連作のうちの1点

箱根ラリック美術館

はこねラリックびじゅつかん
仙石原 **MAP** 付録 P.4 C-2

美しい緑のガーデンに囲まれた優美なラリック作品の展示空間

アール・ヌーヴォーとアール・デコの時代を駆け抜けたフランスを代表する宝飾とガラスの工芸作家、ルネ・ラリック。彼の生涯を綴る同館には1500点以上の作品が収蔵され、選び抜かれた約230点が常設展示されている。自然あふれる小道を抜け、エントランスのパネル『花束』のやわらかな光に誘われ館内へ一歩足を踏み入れると、息をのむほど美しいジュエリーやまばゆいばかりのガラス工芸の数々に心を奪われる。時代を超えて輝きを放つラリックの傑作や室内装飾を堪能したい。

☎0460-84-2255 所箱根町仙石原186-1 時9:00〜16:00(入館は〜15:30) 休第3木曜(8月は無休) 料1500円、65歳以上・高校・大学生1300円、小・中学生800円 交仙石案内所前バス停からすぐ Pあり

注目ポイント

オリエント急行を飾ったラリック

オリエント急行のサロンカーにはラリックが制作したガラスパネルが150枚以上張りめぐらされ、室内ランプや車窓からの光を受けた優美な空間が広がる。1929年に制作されたこのサロンカーできらめきのティータイムを過ごすことができる。

→ 贅を極めたインテリア(当日現地にて受付)

グルメスポット

箱根 エモア・テラス

はこね エモア・テラス

自然を眺め優雅なランチタイム

大きな窓の外に広がる緑豊かなテラス席が特徴的なカジュアルフレンチレストラン。肉や魚が選べるメインディッシュとサラダ、デリ、スイーツをセミビュッフェスタイルで味わうセットが人気。

時9:00〜17:00(食事LO16:00、飲み物LO16:30) 料ランチ2750円〜(変更の場合あり)

→ 見学の合間にゆっくりとランチが楽しめる

鑑賞のポイント

ラリックの生涯にわたる宝飾とガラス工芸の傑作を厳選

装飾パネルや噴水などの室内装飾もラリックならでは

↑ 美しい緑があふれる敷地に建つ美術館

↑ 19世紀後半に活躍したフランスの伝説的女優サラ・ベルナールに捧げられた一室

↑ 花器『つむじ風』1926年。大量生産にも適した素材ドゥミクリスタルはラリックが開発した

← ブローチ『シルフィード(風の精)』あるいは『羽のあるシレーヌ』1897〜1899年頃。宝石の価値ではなく斬新なデザインと技術で勝負したジュエリーの代表作

ラリックが残した美的なオブジェ
花器コーナー

香水瓶の制作をきっかけにジュエリー作家からガラス工芸家へ転身し、次々とガラス作品を発表。時代を反映した作品が見られる

ラリックの名を世に知らしめたジュエリー作品の数々
ジュエリーコーナー

ジュエリー作家としてブレイクしたラリック。その作品はモダンジュエリーの先駆けとなった。頂点を極めた19世紀末の傑作を展示

岡田美術館
おかだびじゅつかん
小涌谷 MAP 付録P.8 B-3

**森の緑や青い空、風にそよぐ梢
空間が織りなす美の世界を堪能**

明治時代の欧米人向けホテル「開化
亭」の跡地に開館した美術館。「美の
殿堂」と呼ぶにふさわしい洗練され
た展示空間には、尾形光琳をはじめ
とした琳派、喜多川歌麿や葛飾北斎
の浮世絵、近年人気の高い伊藤若冲、
日本・中国の陶磁器、仏教美術など、
日本と東洋の美術品約450点がゆっ
たりと並ぶ。年2回の特別展では、小
学校低学年向けの「こども語」解説が
わかりやすいと好評で大人にも人気
だ。美術館の周囲には広大な庭園が
広がり、四季折々の自然を感じる散
策も楽しみ。

☎0460-87-3931　所箱根町小涌谷493-1
9:00～17:00　休無休（臨時休館あり）　料
2800円、小・中学・高校生1800円　交小涌園バ
ス停より徒歩　P80台

鑑賞のポイント
特別展はもちろん、常設展示
を鑑賞する時間も確保しよう
　　　　　　　⋮
美術鑑賞のあとは庭園散策。
足湯カフェも体験したい

➡美術館正面には風神・雷神の大壁画
『風・刻』があり、足湯に入りながら、
のんびり鑑賞できる

注目ポイント
100%源泉かけ流しの足湯でひと休み
大壁画『風・刻』の正面には、単純アルカリ
性泉質の源泉かけ流しの足湯を設置。自然
を眺めながら足湯に
浸かり、コーヒーや
ビールなどの飲み物
も楽しめる。

➡入湯料は500円。美
術館入館者は無料

グルメスポット

開化亭
かいかてい
庭園を眺めながらランチを
昭和初期の日本家屋を改築した飲
食施設が庭園入口近くにあり、昼
はランチ、午後はティータイムでく
つろげる。喫茶の営業時間は14時
以降。

営11:00～17:00（LO16:30）

➡ランチには名物の豆
アジ天うどんなどを

葛飾北斎
『堀河夜討図』
19世紀前半
源義経、静御前、弁
慶を描いた北斎の名
品。着物や装身具の
細密描写が見事

豆皿（5枚セット）4,500円。
同館が収蔵する古伊万里
の中から「染付紅葉文皿」
や「染付桜文鉢」などを
モチーフにした日常でも
使いやすい豆皿。江戸時
代と同様、日本有数の磁
器の産地である佐賀県・
有田で作られた。同柄の蕎麦猪口と併せて、ミュージア
ムショップの人気商品。

尾形光琳
『菊図屏風』
江戸時代前期　18世紀初頃
琳派の歴史を通じても、もっとも美し
い菊花図の大作。元禄文化を代表す
る尾形光琳による豪奢な装飾美を感
じられる

※展示替えを定期的に行うため、掲載の作品は見られない場合があります。作品はすべて岡田美術館蔵

箱根マイセンアンティーク美術館

はこねマイセンアンティークびじゅつかん
強羅 **MAP** 付録P.8 B-1

昭和初期の美しい洋館に集う
アンティーク磁器の名品たち

世界最高峰の西洋磁器であるマイセンのアンティーク約300点を展示する美術館。1000坪の広大な敷地に建つ建物は昭和初期の日銀総裁の邸宅を利用している。各展示室には歴代マイスターの名前がつき、時代順の展示で美術様式の変遷も俯瞰できる。

☎0460-83-8855 ⚑箱根町強羅1320-653 🕙10:30～16:30(最終入館16:00) 🚫月曜 💴1500円、高校生～大学生1000円、小学生～中学生700円 🚃箱根登山鉄道・強羅駅から徒歩12分 🅿20台

↪シノワズリーの装飾が日本の邸宅と見事に調和

『マイセン・スノーボール』
1815年
手作業で施された花や葉の磁器装飾がスノーボール(貼花装飾)と呼ばれる

『時計を持つ子供たち』
1930年
パウル・ショイリッヒがデザインした置時計。愛らしい子どもたちが時計を運ぶ

↪住まいとして使われていた建物を利用

グルメスポット

カフェ「アーチェロ」

優雅なティータイムを満喫

庭園に面し、緑の多いテラス席も。英国直輸入紅茶やコーヒーをマイセンの器で楽しめる。

↪円形のデッキが設置された庭園

箱根ガラスの森美術館

はこねガラスのもりびじゅつかん
仙石原 **MAP** 付録P.5 D-3

中世ヨーロッパの風景を再現した
夢の世界でガラス作品を間近に

大涌谷を見渡す仙石原の緑の森に、イタリアを彷彿とさせる景観が広がる。中心となるヴェネチアン・グラス美術館には、15～19世紀のゴブレットや花器など、隣接する現代ガラス美術館では、20世紀以降のモダンなガラス工芸が鑑賞できる。

☎0460-86-3111 ⚑箱根町仙石原940-48 🕙10:00～17:30(入館は～17:00) 🚫成人の日の翌日から11日間 💴1800円、高校・大学生1300円、小・中学生600円 🚃箱根ガラスの森バス停からすぐ 🅿あり

『点彩花文蓋付ゴブレット』
1500年頃に制作された傑作。東方文化の影響を受けて栄えたヴェネチアらしい折衷様式

ヨーロッパの貴族を魅了した、繊細で優美な輝きを再現

ヴェネチアン・グラス美術館

メイン展示室はヴェネチアのドゥカーレ宮殿を模した美しい空間。名品が並び、豪華なヴェネチアン・グラスのシャンデリアが輝く。

↪庭園にはクリスタル・ガラスのオブジェが点在

↪庭園を眺めながらくつろぎのティータイム

グルメスポット

カフェテラッツァうかい

緑に囲まれた心地よい空間

うかいが厳選した黒毛和牛のステーキや季節のパスタ、デザートが充実したカフェレストラン。

🕙10:00～17:30(LO17:00)

うかい特選牛サーロインステーキ6600円

さまざまな分野のコレクションが興味をそそる

もっと訪れたい美術館・博物館

江戸時代に関所が置かれ、明治から昭和にかけて著名人の別荘地となった箱根には、文学作品、絵画、写真、玩具、武具など多彩なテーマの美術館・博物館が点在。好奇心を刺激するアートめぐりへ。

↑展望ラウンジの窓から望む芦ノ湖の景観も一枚の絵のような趣だ

箱根・芦ノ湖 成川美術館
はこね・あしのこ なるかわびじゅつかん
箱根旧街道 MAP 付録 P.14 B-3

現代日本画を多数所有
展望ラウンジは絶景

昭和63年（1988）に芦ノ湖畔に開館。現代日本画のコレクション約4000点を所蔵し、特に山本丘人、平山郁夫の作品が多い。展示室は1・2階に4室あり、展望ラウンジ、カフェ、庭園などもある。

☎0460-83-6828　所箱根町元箱根570　時9:00〜17:00
料無休　料1500円、高校・大学生1000円、小・中学生500円　交元箱根港バス停からすぐ　P70台

↑年3回展示替えを行う企画展で、所蔵作品をテーマに沿って紹介

→シャム猫とボタンを墨色調に描いた、加山又造『猫』

箱根美術館
はこねびじゅつかん
強羅 MAP 付録 P.16 A-2

日本の「焼物」の展示が充実
箱根で最も歴史ある美術館

昭和27年（1952）、岡田茂吉氏が自らのコレクションを公開するために設立した美術館。縄文時代から江戸期までの日本の陶磁器を多く展示する。敷地内には、苔庭、萩の道など、国の名勝に指定された日本庭園が広がり、抹茶をいただける茶室もある。

☎0460-82-2623　所箱根町強羅1300
時9:30〜16:30（12〜3月は〜16:00）
休木曜（祝日の場合は開館、11月は無休）
料1300円、65歳以上1100円、高校・大学生600円　交箱根美術館前バス停からすぐ　Pあり

↑茶室「真和亭」での抹茶と季節の和菓子は720円

↑苔庭を眺めながら休憩できる茶室「真和亭」

→縄文時代や古墳時代の焼物も多数展示

4

箱根写真美術館
はこねしゃしんびじゅつかん
強羅 **MAP** 付録P.16 B-1

幻想的な富士山の自然美を
撮り続ける遠藤桂氏の作品たち
箱根出身で今も当地で暮らす写真家・遠藤桂氏が撮影した「富士山」シリーズを常設展示。四季折々に表情を変える日本一の名山の造形美を捉えた作品が圧巻だ。常設展は年3回ほど作品を入れ替え、企画展も随時開催。

☎0460-82-2717 箱根町強羅1300-432
10:00～17:00(季節により異なる) 火曜(祝日の場合は開館)、展示替え期間 500円、子供300円 箱根登山鉄道・強羅駅から徒歩5分 なし ※2023年9月25日～2024年3月頃まで改修工事のため休館

↑常設展示室には「富士山」の連作が並ぶ

はこにわ／箱根ドールハウス美術館
はこにわ／はこねドールハウスびじゅつかん
芦ノ湖周辺 **MAP** 付録P.2 C-3

昔の欧米の暮らしを再現した
愛らしく精巧な小さな家
ドールハウス(「小さな家」の意)は16世紀にドイツで誕生。建物の内装も見事な「ハスケルハウス」などの傑作が大集合。実物の12分の1サイズに縮小したミニチュア調度品は、実物そっくりで、見る者を圧倒する。

☎0460-85-1321 箱根町芦之湯84-55
10:00～17:30(11～3月は～17:00) 入館は閉館の30分前まで 火曜(8月は無休)、展示替えのための臨時休館あり 1800円、中学・高校・大学生1500円、小学生1200円 芦ノ湯バス停からすぐ あり

↑世界二大コレクションを収蔵

玉村豊男ライフアート
ミュージアム
たまむらとよおライフアートミュージアム
芦ノ湖周辺 **MAP** 付録P.14 B-2

芦ノ湖畔の洗練された空間に
いきいきとした水彩画が並ぶ
エッセイスト、画家として活躍する玉村豊男氏の作品を展示・販売する。ブドウや草花、パリの風景など心和む作品を常設。イタリアンレストランもあり、地元の食材にこだわった料理は評判を呼んでいる。

☎0460-83-1071 箱根町元箱根61
10:30(土・日曜、祝日9:00)～17:00
無休(2月に休館日あり) 無料
元箱根港バス停から徒歩3分 18台

↑ゆったりとしたギャラリー

↑視界180度の眺望が美しい ↑玉村豊男『ぶどうの時間』

センスが光るアートグッズ

展示作品をモチーフにしたハイセンスな雑貨たち。
どれも魅力にあふれている。

A マグカップ
アーティスト、ひびのこずえ氏のデザイン。彫刻の森美術館の風景が描かれている。1320円

C オリジナルポストイット
ラリック美術館監修の図録を模した付箋。ラリックのガラス作品が2種類描かれている。550円

B カップ＆ソーサー
美術館のカフェでも使われている『睡蓮』と『アネモネ』のプリントが美しいカップ＆ソーサー。各2600円

C ミュゲ・クリスタルペンダント
ラリックの大好きな花のひとつ、スズランがモチーフ。ラリック社製。4万700円

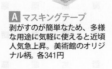

A マスキングテープ
剥がすのが簡単なため、多様な用途に気軽に使えると近頃人気急上昇。美術館のオリジナル柄。各341円

C オリジナルミニクリアファイル
香水瓶をデザインしたA6サイズの仕切り付きファイル。全3種各330円

C オリジナル便箋＆封筒
ラリックが送り状や領収書に使用していたデザインを便箋770円と封筒495円に蘇らせた

B 『レースの帽子の少女』フレーバーティー
ルノワールの『レースの帽子の少女』をイメージしてブレンドされた紅茶。色鮮やかな花びらとフルーツの爽やかな香りが特徴。10個入り890円

C 鳩居堂 HITOKOTO
ラリックのガラス作品をキラキラ輝く箔押しで表現したミニ便箋。各660円

A 手ぬぐい
注染の技法を用いた 手ぬぐい専門店、「かまわぬ」とコラボ。美術館のシンボルのひとつ『歩く花』柄1320円、箱根柄1100円など

A 空気の器
形を自由に変えられる紙の器。広げ方によってさまざまな形を作ることができる。各662円

B ロゴサコッシュ
ストラップが調整でき、身軽に美術鑑賞するのにぴったり。各2500円

B オリジナルシーフードカレー
ポーラ美術館のレストラン アレイ秘伝のレシピで作られた人気メニューがレトルトに。870円

B 『睡蓮』の雨傘
発売以来、大人気のロングセラー。傘全体に『睡蓮』の絵柄がプリントされており、雨の日も明るい気分で過ごせそう。5600円

C オリジナル手ぬぐい
「三羽のツバメ」
ラリックの香水瓶をモチーフに伝統的な染色技法で染め上げた全4色。各990円

A 彫刻の森美術館
ショッピングモール
ちょうこくのもりびじゅつかん ショッピングモール

アートな視点で厳選された
おしゃれな雑貨の宝庫

センス抜群の雑貨が充実。時どきの展示テーマに合わせたアイテムやオリジナル商品も数多い。

彫刻の森美術館 ➡ P.88
強羅 MAP 付録P.8 C-2
☎0460-82-1141 嶺9:00～17:00 休無休

B ポーラ美術館
ミュージアムショップ
ポーラびじゅつかん ミュージアムショップ

アートグッズが豊富に揃う
セレクトショップ

名画をあしらったオリジナルグッズのほか、雑貨や食品、スタッフ厳選の作家物も扱う。

ポーラ美術館 ➡ P.90
仙石原 MAP 付録P.5 E-4
☎0460-84-2111 嶺9:00～17:00 休無休

C 箱根ラリック美術館
ミュージアムショップ
はこねラリックびじゅつかん ミュージアムショップ

ここでしか手に入らない
ラリックのオリジナルグッズも

100種類以上のポストカード、図録、企画展グッズまで、ラリックにまつわる商品が並ぶ。

箱根ラリック美術館 ➡ P.91
仙石原 MAP 付録P.4 C-2
☎0460-84-2255 嶺9:00～17:00 休無休

箱根が誇る伝統工芸
木肌がやさしい
寄木細工の世界
よせぎざいく

色とりどりの木が組み合わさって、繊細な幾何学模様が生まれる。
箱根に伝わる伝統的な技は、現在にも受け継がれ進化している。

天然の木の色を生かして
美しい絵柄を生み出す寄木細工

種類豊富な樹木が育つ箱根に伝わる伝統工芸技術。桑の黄、朴の木の緑、イチイの茶など、それぞれの木が持つ自然の色を利用し、組み合わせることで美しい模様を描き出す。幾何学模様に組んだ木材を日用品に加工することが多いが、風景などを絵画のように表現する木象嵌も見事。

シルクロードで伝わった
寄木細工の技術

日本では正倉院にも木象嵌の宝物があり、アジア各国から中東、イタリア、スペインなどでも寄木や象嵌の工芸品が見られることからシルクロードを通じて世界各地に広まったと想像される。箱根では江戸時代後期に興った。高度な技術と手間のかかる仕事のため継承が絶えつつあったが、昭和45年(1970)、技術の消失を惜しんだ畑宿の職人たちにより復活。今なお徐々に進化を続けている。

箱根細工と
ロシアのマトリョーシカ

マトリョーシカといえばロシアを代表する民芸品だが、ルーツは箱根細工にあるとされている。19世紀末、ロシア正教の修道士が箱根で入れ子人形を購入。故郷に持ち帰った七福神を元に作られたという。

知っておきたい寄木細工のきほん

素材

**着色加工一切なし
天然の木の色そのまま**

色の種類や濃淡を組み合わせるため工房には国の内外から驚くほど多種類の木が集められている。
◎樹種によって異なる色の組み合わせでさまざまな表現ができる

柄

**基本は幾何学模様
日本の伝統柄がずらり**

亀甲、陰桝、菱方字など、着物の柄などでもおなじみの伝統的な和柄を繊細に表現する。

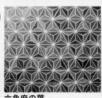

六角麻の葉
葉のアウトラインが細く、高度な技術が必要な柄

市松
2色の木を交互に並べた、最もベーシックな模様のひとつ

技法

**細い棒状の木材を
幾何学模様に組む**

細いスティックや薄い板状にカットした木材を組み合わせ圧着。幾何学模様のブロックを組む。この表面をカンナで削ったシート状の寄木を箱や皿などの表面に貼る「ヅク貼り」と、ろくろを用い、ブロックを器や杯の形に削り出す「ムク」と呼ばれる手法がある。

2棒や板を組み、接着して幾何学模様を作る

3美しい柄のブロックが誕生。これをさらに組むと、より複雑で大きな模様となる

1さまざまな色の木を棒や板に加工する

4カンナで削る。木によって硬さが異なるため熟練の技が必要

5模様のシートが完成。箱の表面などに貼って製品となる

木の手ざわりが
創作意欲を刺激する

寄木細工 手作り体験

プロの指導を受けて自分だけの作品が制作できる。指先と感性をフルに使い、いつの間にか熱中。しばし職人気分を味わう。

畑宿寄木会館で 体験：コースター

料金 1000円　所要時間 40分～1時間
予約 5人までは予約不要

パズルの要領で、実際に木片をレイアウトしながらデザインを考える。

設計図は用意されているが、自由な発想でオリジナル作品を作るのも可。

配置が決まったらボンドで接着。乾くまで透明なシートに貼って形をキープ。

箱根からくり美術館で 体験：秘密箱

料金 箱(小)2990円、箱(大)3990円
所要時間 約40分　予約 要

パーツを組み立てて秘密箱を作る。一見、開け口のない箱の組み立ては少々難しい。

箱の表、6面すべてにシート状になった寄木を貼り付けていく。

紙やすりで寄木の表面をなめらかにする。最後にろうを塗り、布で磨いてツヤを出す。

【 手作り体験できる場所 】

畑宿寄木会館
はたじゅくよせぎかいかん

畑宿 MAP 付録P.17 E-3
町立の会館で、寄木作りの材料や道具紹介、実演、または実演中のビデオを流している。畑宿にある工房の作品を販売。

☎0460-85-8170　所箱根町畑宿103　時9:30～16:30(変動あり)　休月曜　料無料　交畑宿バス停から徒歩3分　P13台　体験コース コースター体験 料1000円(40分～1時間)

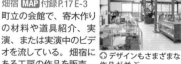
↑寄木の代表的な模様が美しいトレー(商品の一例)
↑ムク作りのボウル(商品の一例)

↑デザインもさまざまな作品が並ぶ

箱根からくり美術館
はこねからくりびじゅつかん

箱根旧街道 MAP 付録P.14 B-4
寄木作品のほか秘密箱とからくり箱が充実する。歴史や実物に触れられる美術館を併設。

↑今でも毎年、新たなからくり箱が誕生

☎0460-83-7826
所箱根町箱根16　時9:00～17:00　休年末年始
料500円　交箱根関所跡バス停からすぐ　P4台
体験コース 秘密箱体験工作(2人～)
料2990円(40分)

↓交通安全を考えてできた箱。女の子が車を確認すると…？

↑三つ葉からラッキーな四つ葉にすると開く仕組みに

伝統工芸基本講座

秘密箱とからくり箱

秘密箱やからくり箱には一見、蓋や開け口がなく、順番どおりに面を少しずつスライドするなど規定の手順を踏んで開けていく。順番を知らないと開けられないため、人に見られたくないモノや宝物を隠すのに最適。精緻な木工技術が伝わる箱根だからこそ生まれた作品だ。

貴重な寄木作品をずらり展示 店舗ではオリジナル柄が人気

本間寄木美術館

ほんませきびじゅつかん

箱根湯本 **MAP** 付録P.11 F-2

2階の美術館では、寄木が発祥した約200年前の作品から現代の新作まで大小多数の作品を展示。1階店舗では隣接する工房で作られた作品などを販売。特に本間木工所オリジナル柄にはファンも多い。

☎0460-85-5646 所箱根町湯本84
営営業時間についてはHPを要確認
休1月1日 料500円、小学生300円
交箱根登山鉄道・入生田駅から徒歩8分
P12台

→コースター制作体験もできる。2名以上で要予約、所要1時間、1250円

↑展示はすべて所蔵品。買い戻した欧米への輸出品など貴重な作品が並ぶ

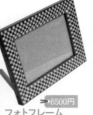

フォトフレーム ➡6500円
市松模様はモダンな雰囲気で、家のインテリアにマッチしやすい

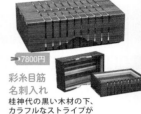

➡7800円

彩糸目筋
名刺入れ
桂神代の黒い木材の下、カラフルなストライプが隠れた「彩糸目筋」

ぐい呑み ➡6300~1万円
格子市松に組んだ寄木をろくろでくりぬいたムクの杯

すだれ箱
開けると収納されるスライド扉付きボックス。本間木工所オリジナル模様として意匠登録されている「古代裂」柄

➡8000円

現代的デザインも注目の寄木細工

オンリーワンデザインを 買いたい

伝統的な幾何学模様を生かしたり、アレンジしたり、貼り合わせた角材を削って不思議な模様を生み出したり。寄木細工のデザインはモダンに進化中。

駅伝のトロフィーを作る匠の店 贅沢なムク作りの作品が見事

金指ウッドクラフト

かなざしウッドクラフト

畑宿 **MAP** 付録P.17 E-4

寄木細工の里、畑宿でも屈指の実力派職人・金指勝悦氏の店で、店頭の9割が自社工房の作品だ。確かな技術に裏打ちされ、斬新なアイデアを形にした寄木が美しく、思わず欲しくなる作品がいっぱい。

☎0460-85-8477 所箱根町畑宿180-1
営10:30~15:30 休月・水曜 交畑宿バス停からすぐ P あり

→コースター制作体験もできる。所要1時間20分、最終受付11:00 12:30 14:00、1100円

アロマポット
アロマポットではあるが、楊枝入れ、テーブル用一輪挿しなど、用途は工夫次第でさまざま

➡4510円~

りんごの小箱 ➡1万3200円
大小さまざまなサイズがある。ムクならではの模様の出方が美しい

ワイングラス
足の部分に付いたリングの飾りごと削り出している

➡1万2100円~

名刺入れ ➡5280円
陰枡模様が立体的に浮き上がって見えて不思議

葉っぱ箸置き
→各1400円

どんな器とも相性がよいやさしい色合い。お家時間を彩る食卓の必須アイテム

△若手職人たちとコラボレーションしたここでしか買えない新作も随時入荷

今の暮らしに合う、彩り豊かなデザインの新作が充実

寄木うちはら
よせぎうちはら

箱根旧街道 **MAP** 付録P.14A-4

70年目の節目の年に新しくなったスタイリッシュな空間で出会う伝統的な模様と斬新な寄木細工の数々は、繊細かつ実用性があり、暮らしのスパイスになるものばかり。オリジナル作品もファンが多い。

☎0460-83-6222 所箱根町箱根165
時11:00〜16:00(季節により変動あり)
休水曜(ほか不定休) 交箱根町港バス停からすぐ P4台

△箱根町港のすぐそばとアクセスも良い

ヘアゴム
→各2000円

「うちはら」オリジナル。寄木でリボンの形を作ってヘアゴムに。おみやげにもぴったり

→各1760円〜

コースター
張り付きにくいコースターはカラーバリエーションが豊富。マグカップにもグラスにもよく合う

あずき模様のコースター
「うちはら」オリジナル。お茶の時間が楽しみになるかわいいデザイン

→各1100円

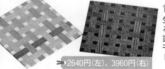

→2640円(左)、3960円(右)

色木編みのコースター
生地をそのまま見せるのが伝統だが、漆塗りのものもある。干菓子やチョコレートを置いても素敵

たまちゃんたまさん
起き上り小法師(こぼし)。日々さわっているうちに手の脂でツヤが増す

→5060円(小)、7700円(大)

新しいアイデアがキラリセンスあふれるモダンな寄木

るちゑのやどりぎ

畑宿 **MAP** 付録P.17E-4

学生時代、箱根への旅で初めて寄木に出会い、惚れ込んで金指ウッドクラフトに弟子入りしたという新進気鋭の作家・清水勇太氏の店。果敢に取り組む新技法、リズム感あふれる作品が特徴的。

☎0460-83-8194 所箱根町畑宿203
時日曜11:00〜16:00 休月〜土曜
料体験内容により異なる
交畑宿バス停からすぐ
Pなし(畑宿寄木会館の駐車場を利用)

すり漆ヘリンボーン大皿
木目を斜めに配することでテキスタイルのような模様となる。外注するのが慣例の漆塗りも小田原漆器の職人に教えを請い、自ら作業

→6万6000円

→6600円

寄木のちりとり
しなやかで強く、実際に使い勝手がいい

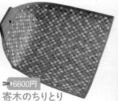

△角の一点で自立するキューブは影と市松と相まって無重力に見える

カスタネット
弦楽器職人を意味するルチエを名乗る店らしく、楽器も多い

→3960円

△日曜のみ営業なので要注意。わざわざ訪れたくなる素敵な作品の宝庫

温泉旅館とモダンデザインの調和
界 が伝統を継ぐ

地域に根付いた伝統にふれられる、全室リバービューの温泉旅館。
寄木細工をテーマにデザインされた部屋が、心地よい滞在をサポートする。

箱根の自然に抱かれて
伝統工芸品にふれるひととき

箱根湯本にたたずむ、瀟洒な温泉旅館。箱根の四季が楽しめる半露天風呂と、寄木細工の工芸作家とコラボレートした客室「箱根寄木の間」が特徴的だ。「清流リビング付き和洋室」には、モダンな寄木細工が並ぶ「寄木ギャラリー」を備えており、伝統工芸品を身近に感じることができる部屋だ。

界 箱根
かい はこね

箱根湯本 **MAP** 付録P.10 B-4

☎050-3134-8092
（界予約センター）
🏠箱根町湯本茶屋230　🚃箱根登山鉄道・箱根湯本駅からタクシーで7分　🅿15台
in15:00　**out**12:00　客32室
料金1泊2食付3万8000円〜

宿泊プラン

箱根寄木細工の美しさを堪能できる「寄木八寸」のほか、名物「明治の牛鍋」などが味わえる「特別会席プラン」がおすすめ。予約は公式Webサイトまたは電話で。

手作り体験できます

館内で寄木のコースター作りやリース作りを体験することができる。※季節により内容は異なる

1.ルームキーにも寄木細工が使われている　2.客室にしつらえられた箱根寄木細工のひとつひとつが色彩豊かで美しい　3.寄木の器でティータイムを楽しむことも　4.「箱根寄木の間」（清流リビング付き和洋室）。広々とした部屋の各所に寄木細工がちりばめられている　5.一枚の絵画のような風景が広がる半露天風呂　6.寄木の器を使用して提供される旬のお造り　7.特別会席の一品「明治の牛鍋」は界 箱根の名物　8.湯坂山と須雲川の自然を望めるロビーラウンジにも寄木の作品が飾られている　9.湯坂山や須雲川など四季折々の景観が楽しめる

食べる

一流の味を
のびやかな空間で
いただく幸せ

セレブな別荘族や、外国人観光客が
満足するように、切磋琢磨してきた
シェフたちが供するお皿は一流だ。
同じ理由で、パンや洋菓子、
洋食もハイレベル。
おいしい水が育んだそばや
豆腐文化にも注目したい。

季節や時間で表情を変える湖や富士山の景色が満喫できるフレンチの「ヴェル・ボワ」

極上のフレンチ＆イタリアン

セレブに愛されてきた
名店7店

老舗リゾート箱根に来たら食事にもこだわって、新鮮な魚介類や地元野菜のコラボレーションが見事な本格フレンチやイタリアンレストランへ、ときにはドレスアップして出かけたい。

↑落ち着いたインテリアの店内、ていねいな接客に定評がある

フランス料理

ヴェル・ボワ

予約	夜は要
予算	⑧ 3300円〜
	ⓛ 2800円〜
	ⓓ 8500円〜

ブラッスリープレート
メインをワンプレートに盛り合わせた気軽に楽しめるフレンチ。3800円

芦ノ湖畔の絶景もごちそう
格式ある老舗フレンチ

芦ノ湖周辺 **MAP** 付録P.14A-2

本場フランスで修業したシェフが、肉、魚介、野菜と四季の幸を生かした本格フランス料理を提供する。伝統的なフレンチの技を駆使した料理に加え、ランチではハンバーグやカレーなどカジュアルな一皿も用意。

☎0460-83-6321（小田急 山のホテル）
㊟箱根町元箱根80 小田急 山のホテル
🕐7:30〜9:30(LO) 11:30〜13:30(LO) 17:30〜19:30(LO) 🈲無休 🚌元箱根港バス停から徒歩15分（送迎バスあり）🅿100台

イタリア料理

Albergo bamboo

アルベルゴ バンブー

四季折々の花と緑に囲まれた
美しい白亜の洋館レストラン

仙石原 **MAP** 付録P.5 D-2

大きなガラス戸から差し込む光と、大理石のシャンデリアのやさしい光に包まれたメインダイニング。地元食材を生かした本格イタリアン。ジノリの器に盛り付けられた料理を心ゆくまで堪能したい。

☎0460-84-3311

🏠箱根町仙石原984-4　🕐11:30〜14:00(LO) 17:30〜20:00(LO)　🚫火曜　🚌仙石原小学校前バス停から徒歩5分　Ⓟ20台

ランチコース Carina
サラダに選べるパスタ、選べるメイン料理、デザート、ドリンクが付く。
5940円

予約	要
予算	Ⓛ4235円〜
	Ⓓ8470円〜

⬆ゴージャスな一軒家レストラン。真っ白な外壁がまぶしい洋館だ

⬆ラグジュアリーな空間で優雅なランチタイムを

フランス料理

LE VIRGULE

ル ヴィルギュル

シンプルフレンチを目と舌で
存分に味わう至福

仙石原 **MAP** 付録P.5 D-2

フランスや日本の名店で修業したシェフが腕をふるう、ちょっと気軽なビストロ。地元の新鮮な野菜や魚、パスタを落ち着いた店内でゆっくりと楽しめる。夜は自然派ワインとともに自慢の料理を味わいたい。

☎0460-83-8844

🏠箱根町仙石原242 中六ビル1F　🕐12:00〜13:00(LO) 17:00〜21:00(LO)　🚫火曜、第1月曜　🚌仙石案内所前バス停から徒歩2分　Ⓟ2台

⬆フランスのどこかの街にありそうなビストロ

⬆全15席の小さな空間。温かみがあり心地よい

予約	可
予算	Ⓛ2200円〜
	Ⓓ3000円〜

ランチコース
日替わりスープと数種のオードブル、魚か肉、パスタのメイン、自家製パンが付く。2200円〜

イタリア料理

CASAMIA
カーサミーア

地元食材をふんだんに使用した本格イタリアン

強羅 **MAP** 付録P.9 D-1

箱根の山々を見渡すロケーションが素晴らしいレストラン。駿河湾や相模湾の新鮮な魚介類、地元農家の野菜などをふんだんに使用、趣向を凝らした季節のメニューが堪能できる。メニューはコースのみ。完全予約制で、前日までの予約が必要。

☎0460-86-1201（箱根エレカーサ ホテル＆スパ）
🏠箱根町宮城野1362-16 箱根エレカーサ ホテル＆スパ内 🕐18:00～21:00（LO18:30）
🈳無休 🚌箱根登山鉄道・強羅駅から車で8分 🅿15台

⤴新鮮な魚介とみずみずしい野菜を使った目にも美しいカルパッチョ

予約	要
予算	D1万5400円～（フルコース）

フルコースの一例
パスタ、前菜、魚料理、肉料理、ドルチェなどメニューはその日の仕入れ食材によって変わる。スタンダードコース1万5400円～

フランス料理

La forêt
ラ フォーレ

料理長が考案した日本人の味覚に合うフレンチ

仙石原 **MAP** 付録P.5 D-3

オリジナルの「フレンチジャポネ」をいただけるレストラン。フレンチジャポネとはフランス料理の伝統技法に和の食材や調理法を取り入れたもの。口当たりが軽く、繊細でやさしい味わいのフレンチが楽しめる。

☎0460-84-8541
（小田急箱根ハイランドホテル 受付時間10:00～19:00）
🏠箱根町仙石原品の木940 小田急箱根ハイランドホテル
🕐7:30～9:30（LO）17:30～20:00（LO）
🈳無休 🚌品の木・箱根ハイランドホテルバス停からすぐ 🅿65台

予約	可
予算	B3025円～ D1万285円～

⤴季節の野菜を使った前菜（写真はイメージ）

⤵濃紺と金をテーマカラーにした、上品な店内

⤵シェフの厳しい目で選ばれた素材を使用したメインは、国内だけでなく海外にも目を向けて（写真はイメージ）

6

ソラ アンナ

**まさにイタリアのスローフード
地元食材で作る旬の絶品料理**

宮ノ下 MAP 付録P.16 C-4

スープに加え、4〜5種類ずつ用意された前菜とパスタから各1品をチョイスするコースが税込2915円。どれも地元の厳選食材を用いた料理でパスタは手打ち。前菜はメインと見紛うボリューム。味も絶品。

☎0460-83-8016
所箱根町宮ノ下105 営11:30〜14:30(LO)
休月曜 交箱根登山鉄道・宮ノ下駅から徒歩3分 Pあり

予約	可
予算	Ⓛ2915円〜

相模湾地鯛を片浦レモンでマリネ
下中玉ネギの甘さが際立つ露地サラダとともに燻製煙を瓶に閉じ込めている。ジャーまるごと1瓶が1人前

駿河湾産しらすと露地野菜のパスタ
耳たぶを意味するパスタ、オレキエッテは自家製の手打ちで、湘南小麦を使用している

↑イタリアで腕を磨いたシェフが夫妻で切り盛り　↑のんびりランチを楽しみたい

WOODSIDE dining
ウッド サイド ダイニング

**地元の旬の厳選食材を使った
五感で味わう創作フレンチ**

仙石原 MAP 付録P.5 E-2

箱根近郊の食材をシェフ自らが選び、素材の旨みを最大限に生かした料理を提供。朝食は野菜たっぷりのブッフェ。専属パティシエのオリジナルスイーツも味わえる。都会の喧騒を忘れて優雅なひとときを過ごしたい。

☎0460-83-9090(箱根リトリート före)
所箱根町仙石原1286-116箱根リトリートföre内 営7:30〜10:00(LO9:30) 17:30〜22:00(LO21:30) 休無休 交俵石・箱根ガラスの森バス停から徒歩5分 P45台

ディナーコース
料理に合わせてソムリエ一押しのワインも味わいたい。1万890円

↑箱根らしい森の中の静かなロケーション

↑大きな窓と高い天井が特徴の店内

予約	要
予算	Ⓑ3850円
	Ⓓ1万890円

贅沢美食の懐石料理4店

季節感はもちろん、宝石のように美しい細工に食材への愛情を感じる懐石料理。
相模湾と駿河湾に近い箱根ならではの新鮮魚介の味も、存分に生きている。

↑窓から箱根の山々が見える「懐石料理 花壇」のメインダイニング

懐石料理 花壇
かいせきりょうり かだん

強羅 **MAP** 付録P.16 C-2

昭和初期建造の洋館でいただく
季節感あふれる懐石料理

昭和5年(1930)に閑院宮家別邸として
建てられた洋館を改修せず復元。ハー
フティンバー様式の外観やアール・デ
コの内装など、ステンドグラスやトイ
レといった細部にいたるまで当時のま
まの姿が残っている。食事と入浴を楽
しむ日帰りプランも用意。

☎0460-82-3333
所箱根町強羅1300 強羅花壇(P.122) 営11:00
〜15:30(LO14:00) 17:30〜
21:00(LO19:00) 休不定休
交箱根登山鉄道・強羅駅から
徒歩3分 Pあり

予約 要
予算 LD 1万円〜

↑どの料理も彩り豊か

↑メニューは月ごとに替わり季節の旬の味を生かした料理が楽しめる

↑盛り付けにも季節感が感じられ、見た目にも美しい

菊華荘
きっかそう

宮ノ下 **MAP** 付録P.16A-3

見た目も美しく、四季を感じる
日本料理の会席を味わう

皇室の宮ノ下御用邸として造営された由緒ある純日本建築の建物。食事のみ、あるいは食事と入浴のみで利用することができる。旬の食材を使った会席料理で、ランチには旬の食材にこだわった季節のお弁当もおすすめ。

☏0460-82-2211
（富士屋ホテル）
🏠箱根町宮ノ下359 富士屋ホテル ⏰11:30～15:30（LO14:00）17:30～（予約制）🈺無休 🚃箱根登山鉄道・宮ノ下駅から徒歩9分 🅿15台

⬆季節の味を盛り込んだ御膳 5500円

予約	要
予算	Ⓛ5500円～ Ⓓ1万9000円～

⬅数寄屋風書院造りの純日本建築の落ち着いたたたずまい

⬆皇室の御用邸当時、宮様方がメインの居室としてお使いしていたという広間。「菊華荘」の御座所

⬆旬の食材を使用した季節のお弁当 1万円

⬆瓔珞鯛ごはん4380円。季節の料理を盛り込み、彩りも豊かで人気

鯛ごはん懐石 瓔珞
たいごはんかいせき ようらく

塔之沢 **MAP** 付録P.10C-2

予約	可
予算	Ⓛ3380円～

名物は鯛ごはんと鯛茶漬け
水と緑に囲まれた美食スポット

京都南禅寺の老舗料亭で腕を磨いた調理人による縁起物の鯛を使った懐石料理が評判で、名物の鯛ごはんをはじめ、季節感たっぷりの料理が楽しめる。ランチタイムには、一番人気の瓔珞鯛ごはんをぜひ。

☏0460-85-8878
🏠箱根町塔之沢84 ⏰11:30～14:30（LO）🈺水曜 🚃箱根登山鉄道・塔ノ沢駅から徒歩5分 🅿あり

⬆早川のほとりにたたずみ、窓からは木々の緑、秋には紅葉が楽しめる

⬆小田原で仕入れた鯛を香ばしく炊き上げた鯛ごはん

つつじの茶屋
つつじのちゃや

芦ノ湖周辺 **MAP** 付録P.14A-2

芦ノ湖と山々を眺めながら
季節を彩る和食に舌鼓

岩崎男爵別邸の茶室につけられた名を継ぐ、小田急 山のホテル（P.128）内の日本食レストラン。芦ノ湖を一望する落ち着いた店内で、厳選素材の懐石料理を提供するほか、昼食も用意。お子様メニューもあるので、家族の記念日に3世代で利用したい。

⬆季節ごとの芦ノ湖の景色もごちそう。プライベート重視の個室も対応

予約	可
予算	Ⓑ3300円～ Ⓛ2200円～ Ⓓ8500円～

☏0460-83-6321（小田急 山のホテル）
🏠箱根町元箱根80 小田急 山のホテル ⏰7:30～9:30（LO）11:30～13:30（LO）17:30～19:30（LO）🈺無休 🚃元箱根港バス停から徒歩15分（送迎バスあり）🅿あり

⬆盛り付けが美しい懐石膳など、幅広い世代が楽しめる工夫と技が光る。写真は旬の食材を使ったランチの季節のミニ懐石

圓遊プラン 5000円
（2日前までに要予約。注文は2名から）
早雲豆腐が食べられる人気の懐石料理。
個室料、サービス料込みのお得なプラン

おいしい水が育んだ名物料理

豆腐と湯葉の
やさしい味わい

箱根名物の豆腐をメイン素材にした料理の数々。
シンプルな食材だからこそ味わい豊かな料理になる。

山芋と豆腐を使った創作料理
早雲豆腐が人気の食事処

知客茶家
しかぢゃや

箱根湯本 **MAP** 付録P.17 D-2

↑かつては温泉宿だったので、個室で落ち着いて食事ができる

湯本橋のたもとにあり、囲炉裏を囲む1階のほか、2階には個室（要予約）がある。人気の早雲豆腐は、地元で作られる木綿豆腐を昆布だしで温め、飛騨高山の田舎味噌で仕立てたとろろをかけた自慢の逸品。

☎0460-85-5751
所箱根町湯本640 営11:00～14:15(LO)
16:30～18:45(LO) 休水・木曜(祝日の場合は営業) 交箱根登山鉄道・箱根湯本駅から
すぐ Pあり

↑木造3階建ての風情
あるたたずまい

予約	望ましい
予算	Ⓛ 2000円～ Ⓓ 2500円～

早雲豆腐 840円
地元で作られた木綿豆腐と田舎味噌で仕立てたとろろが絶妙な調和を生むオリジナル料理

↑夏の夜にはホタルが舞うという早川沿いにあり、窓側の席からは清流や緑を眺められる

大平台の名水、姫の水で作る
滋味豊かな湯葉料理を味わう

湯葉丼 直吉
ゆばどん なおきち

箱根湯本 **MAP** 付録P.17 E-2

看板メニューの湯葉丼をはじめ、湯葉刺し、湯葉や豆腐を使った甘味も楽しめる。湯葉丼は特製のカツオだしのスープで味付けし、ふんわりとした卵とじで仕上げたマイルドでやさしい味わい。

☎0460-85-5148
所箱根町湯本696 営11:00～18:30(L018:00) 休火曜 交箱根登山鉄道・箱根湯本駅から徒歩3分 Pなし

予約	不可
予算	ⓁⒹ 1200円～

湯葉丼 1200円
ぐつぐついう土鍋の中で卵とじになっている湯葉をご飯にたっぷりかけていただく

絶品! 豆腐をお持ち帰り

地元に根付いた豆腐専門店が作る
素朴な味わい。日常食とはいえ
箱根名物となった豆腐を味わいたい。

箱根 銀豆腐

名物のしゃくり豆腐が人気
午前中に完売する日も多い

はこね ぎんどうふ

強羅 **MAP** 付録P.16 C-1

創業から100年以上になる老舗。強羅周辺の名旅館や、ランチの行列で知られる田村銀かつ亭に豆腐類を卸していることでも有名。おみやげには鮮度が命のしゃくり豆腐は不向きだが、木綿や厚揚げなどがおすすめ。

↑しゃくり豆腐は、まずは醤油をかけずに味わいたい

☎0460-82-2652
🏠箱根町強羅1300-261
🕖7:00〜17:00(売り切れ次第閉店) 🈡木曜 🚉箱根登山鉄道・強羅駅から徒歩2分 🅿あり

しゃくり豆腐
220円
ほのかに黄色みを帯びたほの温かい豆腐。水にさらしていないため、大豆の香り、甘みが豊かに感じられる

箱根白雪絹ごし豆腐 216円
宮城県産大豆タンレイ100%の特製絹ごし豆腐。大豆の旨みが詰まったクリーミーな味わい

箱根白雪豆乳
(500ml) 270円
国産大豆100%の豆乳。ボトル入りのほか、1杯(200ml)100円で、店頭で飲むこともできる

辻国豆ふ店

箱根の名水と国産大豆で
作る風味豊かな姫とうふ

つじくにとうふてん

大平台 **MAP** 付録P.10 A-2

創業昭和30年(1955)。大平台温泉の湧き水、姫の水と源泉を同じくする浅間山の伏流水を使った「姫とうふ」をはじめ、豆乳、油揚げや生揚げなどを販売。豆腐を買うなら、完売で買い逃さないよう午前中がおすすめ。

↑油あげ86円、生あげ205円
☎0460-82-2156
🏠箱根町大平台442-2
🕗8:30〜16:00 🈡水曜
🚉箱根登山鉄道・大平台駅から徒歩10分 🅿なし

豊島豆腐店

100年以上の歴史を持つ
宮ノ下の老舗豆腐店

とよしまとうふてん

宮ノ下 **MAP** 付録P.16 A-3

先代の店主は、豆腐の繊細で豊かな香りや甘み、舌ざわりを引き出すため、70年にもおよぶ自身の経験に加え、考え抜いたロジカルで独自の手法を編み出した。その真面目な姿勢を受け継ぎ、滋味あふれる豆腐を提供する。

↑店頭用より大きな、おみやげ用汲み豆腐340円も販売する
☎0460-82-2545
🏠箱根町宮ノ下340-2
🕘9:00〜15:00 🈡水曜
🚉箱根登山鉄道・宮ノ下駅から徒歩7分 🅿なし

ゴマ風味の汲み豆腐 250円
汲み豆腐に、コクと旨みをたたえた黒ゴマを、たっぷり投入。同店の豆乳をかけるとさらに風味アップ

汲み豆腐 230円
なめらかで大豆の味わいが濃厚

ごま豆腐
豆乳杏仁豆腐各380円
ごま豆腐(手前)と豆乳杏仁豆腐(奥)のほか、箱根名物の玉だれ豆腐280円も店頭で食べられる

豆腐処 萩野

江戸時代創業の老舗
風味豊かでコクのある豆腐

とうふどころ はぎの

箱根湯本 **MAP** 付録P.17 D-2

国産大豆100%で、天然のにがりと湯坂山の湧水を使って、みずみずしい豆腐を作っている。豆腐のほか、高級刺身用の生湯葉や大和芋、ニンジン、ゴマ入りのがんもどきなどもある。

↑店頭で食べたり、持ち帰ったりするリピーターも多い
☎0460-85-5271
🏠箱根町湯本607
🕗8:00〜18:00 🈡水曜
🚉箱根登山鉄道・箱根湯本駅から徒歩6分 🅿なし

※2023年10月現在休業中

↑和室に椅子、テーブルを配し、年配の客にも好評。庭の眺めが見事

↑邸内に芸術蔵があり東郷青児や山本丘人などの絵を収蔵。鑑賞も可

箱根山膳 3200円
石臼挽きそばに先付け天ぷらがセットに。そばは細めで香りがよく、喉ごしも抜群

大正7年(1918)建造
文化財の日本家屋でそばを食す

蕎麦 貴賓館
そばきひんかん
小涌谷 MAP 付録P.8 B-3

見事な庭を備えた日本家屋は藤田平太郎男爵の別邸として建てられたもので、国の有形文化財建造物として登録されている。供されるのは北海道北竜産そば粉を使用したそばで、一品料理も素晴らしく、気分も舌も満たされるお店だ。

☎0465-20-0260(箱根小涌園 天悠)
箱根町二ノ平1297(箱根小涌園ユネッサン敷地内) 11:00〜15:00(LO14:30) 無休 小涌園バス停から徒歩3分 P4台

予約 不要
※団体のみ要
予算 L 1980円〜

職人のこだわりが息づいています

手打ちが主流 そばの名店

おいしい水に恵まれるという絶大な好条件のもとで、そば職人が腕をふるう。喉ごし抜群のそばを堪能。

せいろそば(冷)
1300円
そばと自然薯山かけ、薬味がセットになった昔ながらのつけとろが一番人気のメニュー

自然薯の風味豊かなそば
美容と健康にもうれしい

はつ花そば 本店
はつはなそば ほんてん
箱根湯本 MAP 付録P.17 D-2

昭和9年(1934)創業。湯本橋のたもとに建つ風情ある老舗そば屋。水を一切使わず、国産のそば粉と自然薯、卵のみで仕上げたそば。つなぎに山芋を使用しており、時間が経ってもそばがのびにくいので、そばみやげに買う人も多い。

予約 不可
予算 LD 850円〜

☎0460-85-8287
箱根町湯本635
10:00〜19:00
水曜(祝日の場合は前日か翌日)
箱根登山鉄道・箱根湯本駅から徒歩5分 Pあり

↑1階と2階のカウンター席からは、清流早川の流れを眺められる

↑平日でも行列ができる人気の店

厳選した国産そば粉を使用
甘さを控えたつゆもおいしい

そば処 奈可むら
そばどころ なかむら
小涌谷 MAP 付録P.8 C-2

↑テーブル席のほか、畳の小上がりも用意されている

創業から約半世紀。北海道、幌加内母子里産のそば粉を用い店内で打つ二八そばには長年のファンも多い。角の立った細めのそばは喉ごしがよく、キリッと濃いめのつゆと抜群に合う。

☎0460-82-1643
箱根町二ノ平1156
11:00〜17:00(LO)
木曜 箱根登山鉄道・彫刻の森駅からすぐ Pあり

予約 可
予算 LD 1000円〜

辛味おろしそば
1200円
辛味は、皮ごとおろした群馬産の辛味大根。辛さのなかに甘みを宿す

エーゲ海のような店内で
楽しむ、老舗仕込みそば

じねんじょ蕎麦
箱根 九十九
じねんじょそば はこね つくも
仙石原 **MAP** 付録P.5 D-3

厳選された国産のそば粉を使用
し、温度や湿度に合わせてその
日一番のそばを提供。人気の「自
然薯ムースの白いカレー蕎麦」
をはじめ、オリジナルの蕎麦料
理を多数提供している。

☎0460-84-0899
所箱根町仙石原917-11 営10:00〜
20:00(LO19:30) 休不定休 交川向
バス停から徒歩2分 Pあり

予約	可
予算	L D 1800円〜

↑自然薯は自社農園で約3年か
けて栽培したものを使用

自然薯とろろ蕎麦御膳(冷)
2150円(税別)
自然薯とろろそばと自然薯とろ、「そば前」と呼ばれる小付け3品が付いた人気の御膳

↑モダンかつヨーロピアンな店
内に和のテイストを配したお店

野趣に富んだ二八そばと
ほのかな甘みの九一そば

手打ち蕎麦 彦(げん)
てうちそば げん
箱根湯本 **MAP** 付録P.10 C-3

そばの実を殻ごと石臼挽きした
二八そばの「彦」と、そばの実の殻
を抜いた白いそば粉を使った九一
そばの2種類が食べられる。二八そ
ばは1日15食限定で人気。

☎0460-85-3939
所箱根町湯本茶屋183-1
営11:00〜14:30(そばが売り切れ次第閉店)
休月・火曜 交箱根登山鉄道・箱根湯本駅
から徒歩20分 Pあり

↑ゆったりと配置されたテーブル。テラス席もある

予約	不可
予算	L 1100円〜

鴨汁蕎麦 2100円
青森県から取り寄せた本鴨
ロース肉を使ったつけ汁が
そばのうまさを引き立てる

石臼で挽く風味豊かなそばを
名人直伝の手打ちで仕上げる

箱根 暁庵本店 暁亭
はこね あかつきあんほんてん あかつきてい
箱根湯本 **MAP** 付録P.10 C-3

厳選した国産のそばの実を毎朝石臼
で自家製粉し、そば打ち名人直伝の
技で打つ、香り高く、喉ごしのよい
そばが食べられる。マイルドなそば
つゆとの相性も良好。

☎0460-85-7330
所箱根町湯本茶屋182-4 営11:00〜16:00
(LO15:30) 休水曜(祝日の場合は営業)
交台の茶屋バス停から徒歩5分 Pあり

天婦羅せいろ
2750円
せいろそばに、車エビ2
本、メゴチ、野菜3点の
天ぷらが付く

予約	不可
予算	L 1000円〜

↑2023年9月にリニューアル。趣ある雰囲気の店内から緑豊かな庭園を望む

RESTAURANT ROI
レストラン ロア

小涌谷 MAP 付録P.8 C-3

食べ終わるまでサクサクの
ミートパイがおすすめ

箱根を代表する老舗の洋食店。素材にこだわり、手を抜かずに調理した、王道にして本物の料理が味わえる。足柄牛のビーフシチューや足柄牛のステーキといった神奈川県産の希少な食材を使用した料理も絶品。親子3世代にわたるファンも多い。

☎0460-82-4720
所箱根町小涌谷520 営11:30～14:00
17:00～21:00 休火曜 交箱根登山鉄道・彫刻の森駅から徒歩8分 Pあり

予約	望ましい
予算	Ⓛ1300円～
	Ⓓ2000円～

サクサク ミートパイ
3150円
ジューシーなビーフを包んだパイは小麦粉やバターなど、必要最低限の素材による手作り（スープ、サラダ、パンまたはライス、デザート、コーヒーまたはウーロン茶付き）

↑高い天井と差し込む陽光が印象的なダイニング

◎昭和37年(1962)創業。現オーナーシェフは2代目

リピーターもいち押しの行列店

箱根の名物ランチ

店主が思いをこめて開発した、
オリジナリティあふれるメニューが評判の店はこちら。

田むら銀かつ亭
たむらぎんかつてい

強羅 MAP 付録P.16 C-1

ジューシーな豆腐かつと
だしの旨みが絶妙な名物料理

名物の豆腐かつ煮は、「箱根銀豆腐」の特製豆腐に豚ひき肉を挟んで揚げ、卵と土鍋で煮込んだ人気メニュー。油はヘルシーな米油、豚肉はブランド豚の「和豚もちぶた」を使用。ブランド豚3種から選べるロースカツ御膳もおすすめ。

☎0460-82-1440
所箱根町強羅1300-739 営11:00～14:30
17:00～19:00(LO) ※季節により変動あり
休火曜の夜、水曜 交箱根登山鉄道・強羅駅から徒歩2分 P14台

予約	不可
予算	Ⓛ1400円～
	Ⓓ3000円

↑強羅駅の裏手にある和のたたずまい。店の上手に駐車場がある(左)。天井が高く開放感のある店内。くつろげる座敷席もある(右)

豆腐かつ煮御膳 2750円
ふわふわの豆腐にすき焼風のタレが染み込み、一度食べたらやみつきになる味わい

“心”(cocoro)
スペシャル1900円
角煮、カツ、温泉玉子に野菜もたっぷり。辛みソースで辛さの調節もできる

自然薯農家レストラン 山藥 宮城野本店
じねんじょのうかレストラン やまぐすり みやぎのほんてん

強羅 **MAP** 付録P.8 C-1

土・日曜のランチは行列必至 地場の食材と自然薯の定食

小田原の自社農園で生産した自然薯を中心に使用した定食が好評を博す。とろろ以外にもこだわりのアジの干物、富士湧水豚、山北の絹華豆腐店の豆腐など、近隣でとれる厳選食材を用いた健康的でおいしい料理が豊富に揃う。

☎0460-82-1066
🏠箱根町宮城野829 🕐8:00(土・日曜、祝日は7:00)～20:30 🈳無休 🚏明神平バス停から徒歩1分 🅿24台

⬆土・日曜、祝日は朝7時から営業しているので朝ごはんにぜひ

⬆店内はバリアフリーで広々。セルフレジや配膳レーンを導入

予約	可(混雑時不可)
予算	L D 2000円～

至高の昼ご飯 3100円
とろろ、自然薯ステーキ、絹華豆腐、自然薯さつまあげ、豚の西京焼き、こだわりの干物で大満足の御膳

箱根かれー 心
はこねかれーこころ

箱根湯本 **MAP** 付録P.17 E-2

17種類のスパイスを使った オリジナルのあつあつカレー

玉簾の滝の「延命の湧水」を使用し、化学調味料を使わないオリジナルブレンドのスパイシーでヘルシーなカレーが食べられる。耐熱容器でカレーは最後まであつあつで、ご飯は白米ではなく、栄養価の高い紫黒米というこだわり。

☎0460-85-8556
🏠箱根町湯本475-8 🕐11:00～14:30(LO14:00) 17:00～20:15(LO19:30) 🈳月曜(祝日の場合は営業) 🚃箱根登山鉄道・箱根湯本駅から徒歩5分 🅿なし

⬆切り株のテーブルと椅子が配された隠れ家風の店内

⬆駅から少し離れている静かな環境。店頭に立つロボットが目印

予約	可(当日不可)
予算	L D 1350円～

鯛らーめん 麺処 彩
たいらーめん めんどころさい

箱根湯本 **MAP** 付録P.17 F-1

店主が考案したオリジナル 鯛らーめんは、塩と醤油の2種

羅臼昆布と真鯛のアラを圧力釜で炊き上げた店主オリジナルのこだわりスープは、コラーゲンたっぷりだが、あっさりとして繊細な風味。塩と醤油のほか、鯛らーめんのスープで炊いたご飯の焼きおにぎりもおすすめ。

☎0460-83-8282
🏠箱根町湯本706 丸鴎ビル3F 🕐11:00～14:30(LO) 🈳火・水曜(祝日の場合は営業) 🚃箱根登山鉄道・箱根湯本駅から徒歩1分 🅿なし

鯛らーめん(塩)セット 1260円
麺を食べ終えたら、"鯛めし焼きおにぎり"と薬味をスープに入れてお茶漬け風にして

⬆カウンターもあり、1人でも気軽に入れる

⬆駅前にあり、窓側の席からは、駅前の商店街を見下ろせる

予約	不可
予算	L 900円～

香ばしい香りが食欲をそそります

焼きたてパンをめしあがれ

外国人客が満足するパンをホテルに供給する——
明治期、そんな使命があったからパン職人の腕が上がった。
箱根のパンはちょっとレベルが違う。

芦ノ湖を見渡せる店先の足湯。
パンをほおばり至福のひととき／Bakery & Table 箱根

Bakery & Table 箱根
ベーカリー & テーブル はこね
箱根旧街道 **MAP** 付録 P.14 B-3

湖畔で足湯に浸かりつつ食す絶品パン

ホテルベーカリー伝統の製法とパン作りの歴史を持つベーカリー。シェフが厳選した素材をふんだんに使用し焼き上げるパンは、毎日60種類以上が入れ替わり店頭に並ぶ。

☎0460-85-1530
所箱根町元箱根9-1
営ベーカリー・パーラー
10:00～17:00、カフェ
9:00～17:00(LO16:30)、
レストラン11:00～18:00
(LO17:00) 休無休
交元箱根港バス停からすぐ Pなし

塩パン 140円
サクサクでもちもち、バターのコクと塩のアクセントが後を引く

クリームパン 290円
ふわふわのやわらかい生地に甘さひかえめのクリームがたっぷり

チャイルドドッグ 390円
肉汁があふれだす大きなソーセージとチーズのホットドッグ

米粉のカレードーナツ 390円
米粒をまぶしたサクサク生地とゆで卵入りのピリ辛カレーが人気

ベーカリー&スイーツ"PICOT"
ベーカリー & スイーツ "ピコット"
宮ノ下 **MAP** 付録 P.16 B-3

富士屋ホテルのパンがここで購入可能

富士屋ホテル直営のベーカリー。スイーツも用意されており、贈り物や自宅へのおみやげにもおすすめの商品を多数販売。アップルパイやカレーパンが人気を博す。

☎0460-82-5541
所箱根町宮ノ下359
富士屋ホテル
営9:00～17:00
休無休
交箱根登山鉄道・
宮ノ下駅から徒歩7分
P7台

レーズンパン 700円
水ではなく、牛乳で生地を練ったやさしい味のパンにレーズンがたっぷり

食パン 1斤400円
箱根の天然水を使用した食パンはおみやげにも人気

カレーパン 350円
レストランで提供しているカレーの味に限りなく近づけたルーと、甘めの生地が相性抜群

クロワッサン 250円
生地に対してバターを50%も私用したリッチなクロワッサン。マーガリン不使用

食パン 1斤300円
フワフワの生地はほんのり甘く、トーストすればサクッ!モチッ!とした食感がたまらない

メロンパン 210円
あやぱんの一番人気商品。外はカリッと中はふんわり。ちょっと温めて食べるのがおすすめ

クリームパン 210円
自家製のカスタードクリームがたっぷり入った人気商品

あやぱん

箱根湯本 MAP 付録P.11 E-2

日々の暮らしに寄り添うパンで幸せ気分

店主がひとつひとつ愛情たっぷりに焼き上げるパンが並ぶ。定番の食パンはもちろん、季節によってさまざまな商品が登場するなど、パンとの出会いに毎日通いたくなる。

☎0460-83-9141
所箱根町湯本203 湯本マンション104 営11:00〜18:30 休月曜、ほか不定休 交箱根湯本駅から徒歩10分 Pあり

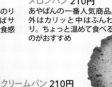

きゃらぶきサンド 378円
和のおかず、きゃらぶきとパンをタルタルソースがつなぐ不思議においしいサンドイッチ

箱根山ブレッド 1.5斤648円
時間が経ってもおいしく食べられる食パン。なぜか和食のおかずとも相性がいい

梅干しあんパン 345円
親戚が梅林を持っていることもあって誕生。小豆の甘さを絶妙に引き締める梅干し入り

渡邊ベーカリー
わたなべベーカリー

宮ノ下 MAP 付録P.16 A-3　　◐P.45

王道にして個性あふれるニッポンのパン

明治24年(1891)創業。もともとホテルに卸すためのパン屋だったため、翌日、翌々日にもおいしさを保つ工夫をするなど独自の進化を遂げている。箱根らしいオリジナルパンも好評。

☎0460-82-2127
所箱根町宮ノ下343-3 営9:30〜17:00 休水曜、第1・3・5火曜 交箱根登山鉄道・宮ノ下駅から徒歩7分 Pあり

箱根カレーパン 330円
スパイスがきいた自家製キーマカレーは鶏ひき肉入りのトマトベース。同店の定番

セーグルレザン ハーフサイズ 520円
カレンズレーズン(山葡萄)とクルミがぎっしり。ライ麦と全粒粉を使用したカンパーニュ

箱根山龍神あんぱん 250円
箱根神社の龍神水を使用し、九頭龍神社の月次祭に毎月奉納されている

スペシャルメロンパン 350円
北海道産のメロン果汁を使用したクリームが美味。東名高速道路海老名SAの人気商品

クロワッサン 340円
外はサクサク、中はもっちり。北海道産のフレッシュバターの風味が絶妙

箱根ベーカリー 風祭店
はこねベーカリー かざまつりてん

小田原 MAP 付録P.3 F-2

心が豊かになるプチ贅沢なパン

天然酵母を使って毎日ていねいに仕込み、長時間発酵させて焼き上げるパンは、風味豊かで絶妙なもちもち食感が魅力。クロワッサンなどの定番から変わり種まで種類も豊富。

☎0465-46-6500
所小田原市風祭154-1 営10:00〜16:00 休無休 交箱根登山鉄道・風祭駅から徒歩7分 P10台

11

↑ Café de motonamiは落ち着いた雰囲気の店内。アンティーク小物やアート作品を展示している

和も洋も、多彩に幅広くカバーする

カフェ&スイーツ

**ホッとひと息つきたいときに、甘いものがあると幸せ倍増。
カフェや甘味処でひと休みして、スイーツにエネルギーをもらう。**

Café de motonami
カフェドモトナミ

宮ノ下 **MAP** 付録P.16B-3

**宮ノ下のシンボル的なカフェ
コーヒーと和スイーツを楽しむ**

北海道産の小豆を店内で煮込んで作ったあんこを使ったメニューが並ぶ。ネーミングもユーモラスだ。懐かしい雰囲気の空間でコーヒーの香りと和スイーツで旅の疲れを癒やしたい。ランチには地鶏のカレーライスがおすすめ。

☎0460-87-0222
所箱根町宮ノ下366 **営**10:00～18:00(LO17:30) **休**木曜 **交**箱根登山鉄道・宮ノ下駅から徒歩7分 **P**なし

↑富士屋ホテルのバス待合所だった建物を改装。レトロな外観が目を引く

↓2階の窓から宮ノ下の通りを眺めながら、くつろぎの時間を楽しむ

宮ノ下小町 900円
ソフトクリームの上にフルーツ、白玉団子とつぶ餡がのったパフェ。しつこくない絶妙な甘さ

18

茶房うちだ
さぼううちだ

箱根湯本 **MAP** 付録P.17 D-2

落ち着いた和テイストのカフェ
日替わりのシフォンケーキが好評

箱根の水で淹れるサイフォン式のコーヒーから、あんみつやおしるこなどの甘味、ホットケーキやスムージーなどメニューは幅広い。昔ながらのスパゲティナポリタンなどの食事もできる。

☎0460-85-5785
所箱根町湯本640 営11:00〜17:00
休水曜(祝日の場合は翌日) 交箱根登山鉄道・箱根湯本駅から徒歩6分 Pあり

↑箱根湯本で20年以上営業を続けている喫茶店。甘味がおすすめ(上)。テーブル席のほか、小上がりの座敷もある(下)

抹茶シフォンセット
980円
シフォンケーキは1日16個限定で、コーヒー、紅茶、抹茶から選べる

あんみつ 850円
寒天、餡、黒蜜にいたるまで名水で手作り。おみやげに人気の温泉餅をトッピング

↑本店店頭の泉。汲んで持ち帰る人も多い名水

↑強羅駅前すぐ。ほかに宮城野本店、仙石原店がある

強羅花詩
ごうらはなことば

強羅 **MAP** 付録P.16 C-1

箱根の名水で作った手作り甘味と
コーヒー、お茶でホッとくつろぐ

大正創業の老舗。宮城野にある本店に湧く嬰寿の命水を用い、熟練の職人が手作りする餡やお餅、季節の和菓子は心身ともにくつろげる温かな味。カフェで供されるお茶やコーヒーも嬰寿の命水を使う。

☎0460-82-9011
所箱根町強羅1300 営10:00〜17:00 休水曜
交箱根登山鉄道・強羅駅からすぐ Pなし

グランリヴィエール箱根
仙石原本店
グランリヴィエールはこね せんごくはらほんてん

仙石原 **MAP** 付録P.4 B-4

ゆったり過ごせる2階カフェ
おいしいソフトクリームも味わいたい

自社でラスクのためのフランスパンを焼いており、サクサクの食感が楽しい。バターの香りと砂糖の甘さをまとったプレーン510円のほか、お酒に合うガーリック、ココアパンを使用したショコラベイクなど多彩に展開。

☎0120-396-852
所箱根町仙石原1246-737 営10:00〜17:00(季節によって変動あり) 休無休
交仙石原高原バス停から徒歩1分 Pあり

↑2階はセルフサービス・スタイルのカフェ。ドリンクをオーダーし、買ったばかりのラスクを味わう人も多い

↑車で箱根を訪れる人には駐車場を備えた仙石原の本店が便利

箱根ロイヤル
ソフトクリーム380円
地元産のブランド・ミルク、金太郎牛乳を使用。甘すぎず、さっぱりとしたソフトクリームだ。箱根ラスクを1枚トッピング。挽きたての豆を使用したホットコーヒーは350円

本当においしいから人気があるのです
箱根の味みやげ

旅の終わりに、箱根ならではのおみやげショッピング。自分の分も欲しくなる！

湯もち 1個280円
国産もち米を使った白玉粉の餅の中に細かく刻んだようかんが入っているほんのりゆずが香るお菓子
●ちもと ➡P.74

すり身団子（12個入り）2160円
厳選された素材と職人が手作りするこだわりがつまった揚げかまぼこ
●竹いち ➡P.75

カステラ焼 箱根まんじゅう 1個80円
ふんわりとしたカステラ生地の中に白餡が入り、店頭で焼きたてを食べられる
●菊川商店 ➡P.75

ゆず蜜 1728円
水やお酒で割って飲んだり、パンやヨーグルトにそのままかけたりと、さまざまに楽しめる。砂糖や着色料は不使用
●杉養蜂園 箱根湯本店 ➡P.74

ナッツヴェセル（1/3）485円
7種類の木の実をパリパリのキャラメルでコーティングしたオリジナルのお菓子
●箱根 sagamiya ➡P.75

鑛泉煎餅 14枚入り1300円
地元のお水を使い、今でも手焼き。緑茶、コーヒー、紅茶はもちろん洋酒にも合う
●川辺光栄堂 ➡P.42

山のブラウニー 310円
口どけのよいクーベルチュールチョコレートを使い、外はざっくり、中はしっとり
●箱根 sagamiya ➡P.75

沖縄黒糖ハードバウム（ホール）1280円
外側のザクッとした食感と沖縄黒糖が香ばしく、中はしっとりとやわらかいバター風味
●箱根・ルッカの森 ➡P.75

箱根ラスク 600円
キャラメル・アマンド8枚入り。お店の一番人気。キャラメルとカリフォルニア産スライスアーモンドをトッピング
●グランリヴィエール箱根 仙石原本店 ➡P.119

焼きぼこ（6枚入り）1296円
天然素材を使った鈴廣のかまぼこで、同店で販売しているあらぎりわさびがよく合う
●田雅重 ➡P.75

パリパリ焼きモンブラン 1個380円
皮はパリパリ、生地はしっとり、渋皮栗の甘露煮がまるごと入っている
●箱根・ルッカの森 ➡P.75

あらぎりわさび 594円
和風料理だけではなく、ステーキなどの肉料理にも使える国産わさびを使用した人気商品
●田雅重 ➡P.75

湘南ゴールドソフトバウム（ホール）1280円
地元特産の柑橘類、湘南ゴールドを使ったしっとりふわふわの食感で爽やかな味わい
●箱根・ルッカの森 ➡P.75

泊まる

温泉、食事、
客室、どれも
一流の温泉宿

ときには「泊まる」ことが、
旅の目的になる。箱根には、
そんな旅館やホテルが多い。
細部まで配慮が行き届いた
一流のおもてなしが非日常の
夢のような滞在を
サポートしてくれる。

記念日に泊まりたいリゾート

ラグジュアリーな滞在
極上の湯宿

洗練された施設、最先端の設備、心地よい空間。
そしてなによりも心のこもったおもてなしが
箱根の滞在を最高の一日にしてくれる。

1

宮家ゆかりの湯宿で贅沢に
箱根屈指の高級名旅館

強羅花壇
ごうらかだん

強羅 **MAP** 付録P.16 C-2

閑院宮家の別邸を譲り受けてオープ
ン。平成元年(1989)の大改装を経て
落ち着いたたたずまいはそのままに、
よりラグジュアリーでモダンな旅館
となった。広大な敷地には大浴場や
庭、プール、月見台なども用意され、
優雅な休日を過ごすことができる。

1.温泉は3本の自家源泉を使用 2.一流ホテ
ルやレストランが集まるルレ・エ・シャトー
の会員でもある 3.露天風呂、庭を自室に備
えた客室「葵」

日帰りプラン
- 「懐石料理 花壇」お食事＋
入浴プラン(貸切風呂)1万3200円
1時間30分の昼食と、前後ある
いは食後に40分間の貸切風呂
での入浴
- 「懐石料理 花壇」お食事＋
エステプラン1万9800円(エステ
60分)/2万8600円(エステ90分)
1時間30分の昼食と、前後ある
いは食後に60分または90分の
エステコース

HOTEL DATA

☎0460-82-3331
所 箱根町強羅1300
交 箱根登山鉄道・強羅駅から徒歩3分
P 20台 **in** 15:00
out 11:00 **室** 41室 **予算** 1泊2食付5
万9500円～(税・サービス料込)

SPA MENU

【リバイタル・ボディ＆フェイシャル】
90分3万3000円 【カダンフェイシャ
ル】90分4万4000円など

温泉 DATA

風呂数 露天風呂:2、内湯:2、
貸切風呂:1 ※客室風呂は除く
泉質 単純温泉(弱アルカリ性)

宮ノ下の高台にたたずむ旅館
都会の喧騒を離れて

四季の湯座敷
武蔵野別館
しきのゆざしき むさしのべっかん

宮ノ下 **MAP** 付録P.9 D-3

秀吉も癒やしたとされる由緒ある温
泉で、館内は足袋と浴衣で日本情緒
を満喫できる。伝統的な和室にサラ
ウンドスピーカーといった設備充実
の客室も。自家製汲み豆腐や湯葉粥
などやさしく体が目覚める朝食も評
判が高い。部屋のテレビで富士山の
ライブ映像も見られる。

1.箱根外輪山の絶景を望む貸切露天
風呂「隠れ湯・薫風」 2.特別な時
間が始まる予感のエントランス
3.スイートルーム楓

HOTEL DATA

☎0460-82-4341
所 箱根町宮ノ下425-1
交 箱根登山鉄道・宮ノ下駅から
徒歩25分(送迎あり)
P 30台 **in** 15:00
out 11:00 **室** 20室
予算 1泊2食付2万5300円～

SPA MENU

【瑠璃 ～Special～】
【フルボディトリートメント＆
フルフェイシャルコース】
90分1万5000円(税別)など

温泉 DATA

風呂数 露天風呂:2、内湯:2、
貸切風呂:3 ※客室風呂は除く
泉質 塩化物泉
(弱アルカリ性)

大切な人をエスコート
大人2人旅がコンセプト

大人の隠れ家
箱根別邸 今宵-koyoi-
おとなのかくれが はこねべってい こよい

強羅 **MAP** 付録P.16 B-2

大人だけの隠れ家がコンセプトのユニークな宿。シェフが目の前で焼いてくれるライブキッチンから提供されるステーキは、ここでしか味わえないおいしさ。同館の地下から直接引き湯している源泉かけ流しの温泉を堪能したい。

HOTEL DATA

☎0570-009-444
所箱根町強羅1300-658 交箱根登山鉄道・強羅駅から車で3分(無料送迎あり) P4台 in 15:00 out 10:00 室14室 料1泊2食付平日1万7600円～、休前日2万3100円～

SPA MENU

岩盤浴 宿泊者利用料金 40分2000円(2人1組)

温泉 DATA

風呂数 露天風呂:2、内湯:2、貸切風呂:0(温泉ではない貸切風呂:1) ※客室風呂は除く
泉質 ナトリウム塩化物・炭酸水素塩泉ほか

日帰りプラン

●月の雫コース 1万9800円～
温泉と岩盤浴、会席コースの夕食を堪能。客室を15:00～21:00まで利用可能。3300円追加で最上級会席の「月の煌」へのアップグレードもできる

1. 露天ジャグジー付きデラックスキングなど個性的な客室は選ぶのも楽しい　2. 誰もが利用できる露天風呂。箱根らしい深紅の柱がお出迎え　3. 強羅の豊かな自然を眺めながらくつろぐ、静かな時間　4. ライブキッチンで好みの焼き加減で供される牛ステーキ

2つの源泉に13の湯船
湯めぐりを楽しむ宿

箱根小涌谷温泉
水の音
はこねこわくだにおんせん みずのと

小涌谷 **MAP** 付録P.8 C-3

小涌谷と宮ノ下の2種の源泉が湧き出ており、露天に大浴場、檜風呂に岩風呂など13の湯船に浸かれる湯めぐりの宿だ。自然が心地よく、湯めぐりしながら庭園散策も。湯上り処のコーヒー牛乳やアイスキャンディなど、無料サービスも充実。

HOTEL DATA

☎0460-82-6011
所箱根町小涌谷492-23 交箱根登山鉄道・小涌谷駅から徒歩15分(無料送迎あり) P60台 in 15:00 out 11:00 室95室 料1泊2食付2万6150円～

1.「新館 水花の庄」では露天風呂付き和洋室でのんびり　2. 足柄遊膳(あしがらゆうぜん)は、メインを3種の鍋からお好みで、席に着いてから選ぶ　3. ロビーテラス。凛とした緑を眺め、水の音を聞きながら自然のなかでホッとひと息

SPA MENU

アロマセラピー 【つばき】ボディ&フェイシャル:90分1万3200円
手もみ処 【うっとりコース】全身もみほぐし:60分8100円など

温泉 DATA

風呂数 露天風呂:4、内湯:4、貸切風呂:3 ※客室風呂は除く
泉質 弱食塩泉、塩化物泉

日帰りプラン

●贅沢日和日帰りプラン 1万3000円～
14:00～21:00の最大7時間客室と温泉でくつろいで。夕食は和食コース「足柄遊膳」と炙り焼き ※平日のみ実施

※2023年12月～2024年3月末まで施設保全のため全館休館

文化財指定の数寄屋造り
100年の時を超える日本旅館

福住楼
ふくずみろう

塔之沢 **MAP** 付録P.10 C-2

竹の美しさを最高に生かしたといわれる数寄屋建築は、多くの文化人に愛され、もてなしの質の高さをその歴史が証明する。神代杉や北山杉といった銘木をふんだんに使用した重厚感のある建物は一見の価値あり。新鮮魚介をメインにした会席料理が滞在に華を添える。

HOTEL DATA

☎0460-85-5301
所箱根町塔之沢74　交箱根登山鉄道・塔ノ沢駅から徒歩10分　休月・火曜　P8台
in15:00　out10:00　室17室
予算1泊2食付2万7650円～

温泉 DATA

風呂数 露天風呂:0、内湯:2、貸切風呂:1
泉質 単純温泉(アルカリ性)

1. どこか懐かしい館内。五福を呼ぶ蝙蝠(こうもり)の意匠を探したい　2. 4部屋、28畳以上もある広々とした客室「竹五」。欄間などに施された手の込んだ意匠も見どころ　3. 重厚な看板が出迎える表玄関

日本の避暑を先導した古き箱根を堪能

風情ある老舗旅館の名建築を愛でる

別荘文化の中心地、箱根。文明開化をリードした政治家や文化人がこよなく愛した往時のたたずまいに思いを寄せる。

SPA MENU

岩盤浴 1320円
(タオル、ウェア代込み)

温泉 DATA

風呂数 露天風呂:2、内湯:2、貸切風呂:1 ※客室風呂は除く
泉質 単純温泉(アルカリ性)

1. 雄大な山々の緑に囲まれた趣ある楼閣　2. きちんと手入れがされた懐かしさも感じる客室　3. 貸切露天風呂「翠雲の湯」は渓流の音が心地よい

塔之沢に開湯して400年
文人や皇女に愛された名宿

元湯 環翠楼
もとゆ かんすいろう

塔之沢 **MAP** 付録P.10 C-2

大正時代に建設された木造多層式建築。奇跡の木材、神代杉を多用し匠の技を現代に伝えている。ゆっくりと時が流れる館内、偉人の墨蹟や骨董などの調度品を鑑賞したり、美しいステンドグラスやモザイクタイルなど大正ロマンに思いを馳せるのも一興だ。

HOTEL DATA

☎0460-85-5511
所箱根町塔之沢88　交箱根登山鉄道・箱根湯本駅から徒歩15分　P30台
in15:00　out10:00　室22室
予算1泊2食付2万8050円～

国指定の重要有形文化財
旅館第一号の超老舗

萬翠楼福住

ばんすいろうふくずみ

箱根湯本 MAP 付録P.17 D-2

幕末から明治にかけて著名な文化人や政治家が逗留した箱根湯本名主の名旅館。彼らが残した掛軸や書といった揮毫がある館内は和のテーマパークの様相。温泉は真綿の湯と評される自家源泉100%。

HOTEL DATA

☎0460-85-5531
所 箱根町湯本643
交 箱根登山鉄道・箱根湯本駅から徒歩5分(箱根湯本駅から送迎あり、要予約)
P 15台
in 15:00　out 11:00
室 13室
予算 1泊2食付2万4200円〜

温泉 DATA

風呂数 露天風呂:2、内湯:2、貸切風呂:0 ※客室風呂は除く
泉質 単純温泉(アルカリ性)

1.露天風呂とレトロな大浴場が楽しめる「一円の湯」 2.銘木を贅沢に使用、広々とした和モダンな客室明治棟15号室

明治創業の老舗旅館
四季折々の風情が美しい

箱根小涌園 三河屋旅館

はこねこわきえん みかわやりょかん

小涌谷 MAP 付録P.8 B-3

春は桜、新緑やツツジも美しい中庭を眺めながら、お湯に浸かれる露天付き客室もある。箱根の自然が感じられる鍋中心の日本料理。純和風からプライベート重視の離れまで多様な客室でもてなす。

HOTEL DATA

☎0465-43-8541
所 箱根町小涌谷503
交 蓬莱園バス停からすぐ
P 17台
in 15:00　out 10:00
室 25室
予算 1泊2食付2万3100円〜

温泉 DATA

風呂数 露天風呂:2、内湯:2、貸切風呂:1 ※客室風呂は除く
泉質 単純温泉(弱アルカリ性、低張性、高温泉)

1.レトロな離れの客室が人気
2.本館ラウンジからの紅葉も美しい

日帰りで和の名建築にふれる

旧御用邸で楽しむ
優雅な日帰り旅

菊華荘

きっかそう

宮ノ下 MAP 付録P.16 A-3

皇室の宮ノ下御用邸として建造された数寄屋風書院造りの建物や庭園を、そのまま使用した格式ある建物。宮ノ下の天然温泉をたたえた総檜造りの貸切風呂と、繊細で華やかな日本料理の食事も魅力。窓の外には日本庭園が広がり、四季折々に豊かな表情を見せる。建物だけでも一見の価値あり。

HOTEL DATA

☎0460-82-2211
所 箱根町宮ノ下359 富士屋ホテル
交 箱根登山鉄道・宮ノ下駅から徒歩9分　P 15台

1.明治28年(1895)に建設。随所に菊の御紋のモチーフが配されている　2.食事会場からは庭園も望める　3.貸切檜風呂

日帰りプラン

●入浴日帰りプラン 1万2500円〜
貸切檜風呂と11:00〜15:00の客室休憩、季節の素材にこだわった昼食を。

食を中心に、宿泊、エステ
洗練された箱根のリゾート

オーベルジュ オー・ミラドー

芦ノ湖周辺 **MAP** 付録P.6 B-3
自然と豊かな食材に恵まれた箱根に屹立する食
の理想郷。さらにフランスの邸宅を思わせる客室
といった異国情緒を感じさせる環境に加えて、温
泉を備えるなど、古くから異国の旅人が集った日
本のリゾート・箱根ならではのホスピタリティで
人々をくつろがせる。

HOTEL DATA

☎0460-84-7229
㊉箱根町元箱根159-15 ㊋箱根ロープウェイ・桃源台駅か
ら車で3分 ㊐30室 ㏌15:00 ㏑11:00 ㊏22室
㊙1泊2食付ツイン3万6300円〜、ジュニアスイート4万
2350円〜、芦ノ湖エクストラルーム4万4770円〜など

お食事 information
地元の食材を華麗なフレンチへ
オーセンティックでありなが
ら最新鋭。シェフは一見矛盾
する「深くて軽い」料理を理想
に、地に足のついた箱根らし
い料理を供する。

フォアグラ、枝豆、夏トリュフ
枝豆のパウダー、コンソメのゼリー、
フォアグラと時間差で溶けるパーツ
が口の中で層をつくりながらソース
と化す爽やかな料理。黒いのはトリュ
フのピューレ、泡はトリュフの香り

1.地元にある契約農家の畑の野菜などを、モダンに
アレンジした美味な一皿 2.箱根のオーベルジュだ
からこそ、食前や食後に温泉、という贅沢も味わえる
3.森の木々に囲まれて、白壁の建物がフランス式庭
園に隣接して建つ

温泉 DATA

風呂数	露天風呂:0、内湯:2、貸切風呂:0
泉質	硫酸塩泉、炭酸水素塩泉

旅の醍醐味をすべて満たして心も体も潤うひととき

美食を叶える名宿で憩う

旅の醍醐味は、その土地・宿ならではのものを堪能すること。美食付き高級ホテルは
箱根滞在の真髄。おいしい料理と名湯に癒やされ、至高の贅沢時間を過ごしたい。

日本料理
四季折々、最高峰の
食材を生かし、料理
人が腕をふるった至
極のコースに舌鼓。

大正ロマンあふれる居心地のよい空間で
季節の移ろいに寄り添うひととき

箱根・翠松園
はこね・すいしょうえん

小涌谷 **MAP** 付録P.8 C-3
3000坪の広大な敷地内、料亭 紅葉を囲むように4
棟の客室が建ち、静かで雄大な山や花々が四季に
染まる様子を愉しめる。全23室ある客室は全室
源泉掛け流し露天風呂付き。世界的ハイエンドブ
ランド・シスレーのスパも備わり、心
落ち着く時間が過ごせる。

HOTEL DATA

☎0570-0117-22
㊉箱根町小涌谷519-9
㊋小涌園バス停から徒歩3分(送迎車あり、
無料、要予約) ㊐20台 ㏌15:00 ㏑11:00 ㊏23室
㊙1泊2食付4万6350円〜

お食事 information
地産の新鮮食材を文化財の建物で
大正14年(1925)に建てられた
「三井 翠松園」を料亭 紅葉に。
季節の味わいに仕上げる日本懐
石料理や、ライブ感を愉しめる
鉄板焼きが堪能できる。

1.大正時代を感じさせる雰囲気
が漂う「BAR 伊都」
2.ラグジュアリースイートにはミ
ストサウナやハンモックも備わる
3.三井財閥の別荘として大正14
年(1925)に建てられた登録有
形文化財を使用している「料亭
紅葉」

温泉 DATA

風呂数	露天風呂:1、内湯:1、貸切風呂:0
泉質	弱アルカリ性・単純温泉

絶景の展望露天風呂が全室に
絶品フランス料理も評判

箱根フォンテーヌ・ブロー 仙石亭

はこねフォンテーヌ・ブロー せんごくてい

仙石原 **MAP** 付録P.6A-2

箱根外輪山を望む閑静な地に建つ老舗オーベルジュ。全12室に天然温泉かけ流しの露天風呂があり、雄大な眺めを間近に癒やしの時を過ごせる。自社プロデュースのバスケアやオーガニックコスメも試せる。

1.全客室に専用露天風呂とデッキテラスを完備　2.ナチュラル派にうれしい、天然素材で作ったオリジナルのスキンケア製品　3.客室「煌」にはギャラリーをイメージしたインテリアが

HOTEL DATA

☎0460-84-0501
🏠箱根町仙石原1245-703　🚌箱根カントリー入口バス停から徒歩10分　🅿12台　in15:00　out11:00
🛏12室　💰1泊2食付 スイート 自然の絵画通-YOU-3万6000円～、ツイン 木々と赤い実り 沙-SYA-3万4000円～、ダブル 洞窟での瞑想 絹-KEN-2万8000円～など

温泉 DATA

風呂数 露天風呂:0、内湯:0、貸切風呂:0
※全客室に展望露天風呂完備

泉質 酸性-カルシウム・マグネシウム-硫酸塩・塩化物泉(源泉:大涌谷温泉)

お食事information

ディナーコース
伝統的なフレンチの技法で、季節ごとに変わる旬の素材を生かしたフルコース

フレンチと和の共演
料理長を務める髙木国博氏が、クラシカルなフレンチに和のエッセンスを加え、地元食材をふんだんに使用した季節感を楽しめるフルコースを提供。

医食同源の和フレンチに和む
森の中の隠れ家オーベルジュ

グリーンヒルズ草庵

グリーンヒルズそうあん

仙石原 **MAP** 付録P.4B-1

仙石原の高台に建つ一軒家の洋館。"医食同源"をモットーとした和風創作フランス料理が好評で、リピーターを増やしている。緑の森に包まれた静寂とおいしい空気も、体が元気になるごちそう。温泉や大浴場はなく、その分、リーズナブルなのもうれしい。

HOTEL DATA

☎0460-84-7600
🏠箱根町仙石原1181-147　🚌仙石案内所バス停からタクシーで5分　🅿10台　in15:00
out10:00　🚫火曜、第2水曜　🛏6室
予約 1泊2食付Aプラン(スペシャルコース)1万8150円～、Bプラン(フルコース)1万5950円～、Cプラン(ライトコース)1万3750円～など
※定休日は当日泊および前日泊が不可

1.仙石原の大自然が目の前に開ける大パノラマが宿の自慢だ　2.食事を楽しむレストランは和洋折衷の意匠で、ゆったりと落ち着ける　3.各客室は欧米のペンションのような温かみと快適性を兼ね備える

お食事information

箸で気軽にいただけるフレンチ和風のアレンジを加えた創作フレンチを提供。思わず写真に収めたくなる料理は見た目だけでなく、量も十分満足できる。

秋刀魚と里芋のテリーヌ
コンフィしたサンマの旨みがねっとりとした里芋の食感と絡み合う、繊細で上品な味

地鶏の香草パン粉焼き
弾力のある肉質が自慢の御殿場地鶏は、ハーブとの相性が良く絶妙な味わい

ランチ利用もできます
宿泊しなくても、11:30～13:30(LO)には各種ランチコースを楽しめる。
●ランチコース 2970円～
名物の牛ホホ肉の赤ワイン煮込みや、相州牛をランチでも味わえる。自家製のジンジャーエールも絶品

広大な敷地を誇る
芦ノ湖の老舗リゾート

小田急 山のホテル
おだきゅう やまのホテル

芦ノ湖周辺 MAP 付録P.14A-2
すべての客室から芦ノ湖が望め、四季折々の自然と景観は、何度訪れても新しい発見がある。丘の斜面を這うように咲くツツジはホテルの大きな魅力。車いすでも庭園散策できるように工夫するなど、ホスピタリティに定評がある。

日帰りプラン
●日帰り入浴プラン
1万3500円〜
14:00〜21:00の間、ランチ＋大浴場で入浴、スタンダードツインルームでくつろげる

人気エステ PICK UP
絶景でリラックス
スパ モンターニュ
仏語で山を意味するスパ。芦ノ湖を眼下にゆったりとした気分で施術を。

HOTEL DATA

☎0460-83-6321（受付時間9:30〜20:00）
[所]箱根町元箱根80 [交]元箱根港バス停から徒歩15分（送迎バスあり） [P]100台
[in]15:00 [out]12:00 [室]89室
[予約]1泊2食付2万9150円〜

1.「クラシック＆オーセンティック」をベースに快適で上質な空間が広がる客室 2.ヨーロッパの古城を思わせる落ち着いた外観 3.ガラス張りで開放感のある大浴場

SPA MENU
バランシングリラックスボディ
【火の波動エナジーバランス】120分3万9600円
フット＆ヘッド【リフレッシュ】60分1万9250円など

温泉 DATA
[風呂数]露天風呂:2、内湯:2、貸切風呂:0
※客室風呂は除く [泉質]単純温泉（アルカリ性）

日常の疲れを解きほぐし美を磨く至福のひととき エステが人気の

人気エステ PICK UP

お風呂上がりに素敵な体づくりを「まほろみ」で
まほろ（＝すばらしい・すてきな）な体をつくるリラクゼーション施設「まほろみ」。はつはなオリジナルメソッドで温泉地専門のセラピー「湯治セラピー」で心身の疲れをとり、時間を忘れるような至福のひとときを過ごせる。

SPA MENU
まほろみトリートメント 60分1万9000円〜
温泉フェイシャル（ドライヘッドスパ付き）
50分1万8000円
ボディケア 60分1万4000円〜 など

温泉 DATA
[風呂数]露天風呂:4、内湯:2、貸切風呂:4 ※客室風呂は除く
[泉質]単純温泉（アルカリ性）

湯坂山の眺望と須雲川のせせらぎに包まれ、自家厳選の湯めぐりを満喫

はつはな

箱根湯本 MAP 付録P.10A-4
「心と五感が満ちる静かなとき」をコンセプトに、2022年9月にリニューアル。全客室に自家源泉の露天風呂を設え、趣向の異なる4つの貸切風呂も完備。地元食材を使ったモダン懐石など、特別感のあるおもてなしでより非日常を感じられるホテルに。

HOTEL DATA

☎0460-85-7321（受付時間10:00〜19:00）
[所]箱根町須雲川120-1
[交]箱根登山鉄道・箱根湯本駅から車で10分（送迎あり） [P]25台 [in]15:00 [out]11:00 [室]35室
[予約]1泊2食付4万8150円〜

1.全客室に温泉露天風呂を完備（写真はプレミアムCtype）2.4階の貸切風呂「明灯の湯」。床面の光ファイバーが幻想的な雰囲気を演出する 3.夕食では季節の食材を使用したモダンな和食に舌鼓（写真はスタンダードコースの肉料理の一例）

開放感あふれる客室と
洗練されたサービス

ハイアット リージェンシー
箱根 リゾート&スパ
ハイアット リージェンシー はこね リゾート&スパ

強羅 MAP 付録P.8A-1

箱根外輪山を眺望するリゾート。シグネチャートリートメントから、カウンセリング付きオーダーメイドまで、メニューが充実したスパIZUMIはぜひ利用したい。ウェスタンキュイジーヌや和食のレストラン、アフタヌーンティーなど食も充実。

HOTEL DATA

☎0460-82-2000
所箱根町強羅1320 交箱根登山ケーブルカー・上強羅駅から徒歩5分 P57台 in15:00
out12:00 室80室 予1泊2食付3万6197円～

1.古くからの別荘地である強羅にあり、周囲には緑豊かな自然が広がる　2.大涌谷の源泉を引いたゆったりとした大浴場　3.マウンテンビューツインルーム。広々とした客室からは美しい山の稜線が見える

SPA MENU
フルテラピー 【アボカド】フルボディ100分3万4804円
※外来での利用は別途施設使用料3300円と入湯税50円が必要

温泉 DATA
風呂数 露天風呂：0、内湯：2、貸切風呂：0 ※客室風呂は除く
泉質 酸性泉、硫酸塩泉、塩化物泉

リラックスリゾート

日帰りプランから滞在型のフルトリートメントまで幅広く、ニーズに応えるプランが充実。

SPA MENU
アロマボディトリートメント
【スタンダード】80分1万8500円
ボディケア 【首肩リフレ】40分7400円など

温泉 DATA
風呂数 露天風呂：2、内湯：4、
貸切風呂：0 ※客室風呂は除く
泉質 硫酸塩泉

仙石原の老舗リゾート
愛犬と一緒の滞在プランも

小田急
箱根ハイランドホテル
おだきゅう はこねハイランドホテル

仙石原 MAP 付録P.5D-3

約1万5000坪の敷地内には雑木林や庭園が広がり散策を楽しめる。館内のフレンチレストランは独創的なフレンチジャポネが評判で、大涌谷から引く白濁のなめらかな湯が評判。アウトレットモールへのアクセスも良い。

HOTEL DATA

☎0460-84-8541(受付時間10:00～19:00)
所箱根町仙石原品の木940
交品の木・箱根ハイランドホテルバス停からすぐ P65台 in15:00 out12:00
室74室 予1泊2食付2万8150円(スタンダードツイン)～

1.広大な敷地でのんびり過ごす贅沢な時間　2.温泉大浴場。入浴後にくつろげるアクアラウンジもある　3.「森のレジデンス」には露天風呂付き客室と愛犬と泊まれる客室もある

箱根が誇る大パノラマを滞在の友に

絶景自慢の温泉宿

季節と時間によって異なる表情を見せる箱根の自然。
都会の喧騒を忘れさせてくれる美しい景色に、体も心も癒やされる。

ロケーションは宮城野の高台。昔から愛されてきたリゾート強羅を一望。

1

箱根最高峰のロケーション
景色とともに味わう美食も魅力

箱根エレカーサ
ホテル&スパ

はこねエレカーサ ホテル&スパ

強羅 **MAP** 付録P.9 D-1

全14室だけのプライベートホテル。窓が全開放できる半露天風呂付きの客室は3タイプあり、強羅の良質な温泉を源泉かけ流しで楽しめる。窓の外に絶景が広がるダイニングでは、地元の食材にこだわり、新鮮魚介や朝採れ野菜をふんだんに使用して見事にアレンジしたイタリアンが提供され、味にも定評がある。

1. バルコニーから眺める圧巻の絶景パノラマビュー
2. 落ち着いた雰囲気でゆったりとした客室
3. 森の緑と大自然に包まれたチャペルで憧れの挙式が叶う

HOTEL DATA

☎0460-86-1201
所箱根町宮城野1362-16 交箱根登山鉄道・強羅駅から車で8分(強羅駅から送迎あり、要予約) P15台 in15:00 out10:00 室14室 予算1泊2食付3万1000円～

SPA MENU

ボディ【NAYUTAアロマボディ】60分コース1万3200円【3Dデトックスボディ】90分コース2万5300円【フェイシャルエステ】60分コース1万4300円など

温泉 DATA

風呂数 露天風呂:0、内湯:2、貸切風呂:2(半露天風呂) ※客室風呂は除く
泉質 塩化物泉

箱根の大自然を身近に
感じる山のリゾート

ふふ 箱根

ふふ はこね

強羅 **MAP** 付録P.8 B-1

岩が多い強羅の地をイメージした壁面、カウンターなど、自然の力強さや木々の温かみ、草花のやわらかさが感じられる箱根連山が広がる山中にたたずむリゾート。山の傾斜に沿って建てられており、さまざまな山の表情を見ることができる。

一ノ棟5階、箱根連山が目の前に広がる絶景の大浴場で効能豊かな湯を愉しめる。

1. 大浴場の大きな窓からは雄大な箱根連山の絶景が望める 2. 客室は全8タイプ、箱根大文字焼が見られる客室も 3. 自分好みの組合せで料理を愉しむプリフィックススタイルでおもてなし

HOTEL DATA

☎0570-0117-22 交箱根登山鉄道・強羅駅から車で5分(無料送迎あり)
所箱根町強羅1320-807 P19台 in15:00 out11:00 室39室 予算1泊2食付4万3500円～(部屋により異なる)

SPA MENU

スパ【全身】60分1万5000円【ヘッド&ショルダー】30分5000円など
発酵温熱木浴【悠】60分6000円【和】60分8000円など

温泉 DATA

風呂数 露天風呂:0、内湯:1、貸切風呂:0 ※客室風呂は除く
泉質 塩化物・硫酸塩温泉

箱根観光に便利な立地と
名峰富士を望む露天風呂

ホテルグリーンプラザ箱根
ホテルグリーンプラザはこね

仙石原 MAP 付録P.6 C-2

標高875mの山あいにあり眺望が抜群。ロープウェイの利用にも便利で散策もできる。1日1組限定の和室スイートには、源泉かけ流しの檜風呂も。箱根随一の大型ライブキッチンでは、約50種類のプレミアムビュッフェを用意している。

HOTEL DATA

☎0460-84-8611
所箱根町仙石原1244-2 交箱根ロープウェイ・姥子駅から徒歩3分 P100台 in15:00 out11:00
客123室 予約1泊2食付1万4750円～

SPA MENU

ポイントボディコース	【クリームバス】70分1万2600円
ボディケア	【バックケア】50分9000円
オプションメニュー	【リフレクソロジー】40分6300円など

温泉 DATA

風呂数 露天風呂:1、内湯:1、貸切風呂:0 ※客室風呂は除く
泉質 硫酸塩泉、炭酸水素塩泉、塩化物泉(弱アルカリ性、低張性、高温泉)

日帰りプラン
●日帰り温泉1600円
入浴後は雄大な富士山が望めるガーデンテラスではっとひと息。※予約不可、利用時間13:00～18:00(水・木曜15:00～18:00)

箱根十七湯のひとつ、仙石原温泉。特に女性用露天風呂からの富士山は絶景。

1.富士山の雄姿を眺めながらの露天風呂に心からリラックス
2.ホテル自慢のビュッフェ。豊富な種類に心もお腹も大満足
3.和洋室のスタンダードな部屋から特別スイートまで客室は多彩

渓谷の緑に包まれた隠れ宿で
くつろぎの湯と旬の味覚に憩う

箱根吟遊
はこねぎんゆう

宮ノ下 MAP 付録P.16 C-4

箱根連山が織りなす渓谷にたたずむ宿。全客室と湯処が緑豊かな山々に面し、眼下には早川を望む。全室にオープンテラスと露天風呂、ダイニングルームがある贅沢な造り。「吟遊」の名のとおり、詩情の時空を遊べる。

HOTEL DATA

☎0460-82-3355
所箱根町宮ノ下100-1 交宮ノ下バス停から徒歩1分／箱根登山鉄道・宮ノ下駅から徒歩3分 P15台 in14:00 out11:00 客20室
予約1泊2食付「空」3万8650円～、「星」4万850円～、「風」4万9650円～、「月」5万750円～(別途入湯税150円)

SPA MENU

オールハンドトリートメント ボディ60分2万900円～、リフレクソロジー70分1万4850円～、フェイシャル70分2万3100円～、ボディ&フェイシャル90分2万9700円～など

温泉 DATA

風呂数 露天風呂:3、内湯:1、貸切風呂:1(ほかサウナあり) ※全客室に露天風呂完備 泉質 塩化物泉(低張性、弱アルカリ性、高温泉)

森に包まれた静寂とプライベート感を味わいながら緑あふれる絶景を独り占め

1.最上階のロビーから望む箱根連山の大パノラマが心を癒やす　2.広いテラスを備えた和室タイプの客室「月」には、森に包まれる露天風呂と内風呂が並ぶ　3.夜景や夜景を眺めながらの露天風呂での入浴も贅沢なひととき　4.ウォーターガーデンの向こうに広がる雄大な自然が素晴らしいGinyu Spaで五感を癒やす

13

インテリアにひと味違うエッセンス
和モダンのもてなし

大人のこだわりに応えてくれるハイスペックな宿で、
上質な空間が生むゆるやかな時間の流れに身を任せる。

月と寄木細工がモチーフ 和洋の魅力が備わる湯宿

月の宿 紗ら
つきのやどさら

箱根湯本 **MAP** 付録P.11 D-3

和の癒やしと洋の居心地でもてなすデザイナーズ湯宿。全室露天風呂付きで、湯かごも用意。湯上がり処に用意されたアルコールやソフトドリンク、2種の貸切風呂など無料サービスが豊富。

HOTEL DATA

☎0460-85-5489（箱根予約センター）
所箱根町湯本588-1 交箱根登山鉄道・箱根湯本駅から徒歩9分（箱根湯本駅から湯本旅館送迎バスあり、有料）P立体14台（高さ制限あり、要予約）in15:00 out11:00 客56室 予約1泊2食付2万2000円～

温泉 DATA

風呂数 露天風呂:2、内湯:2、貸切風呂:2 ※全客室に露天風呂完備
泉質 単純温泉（アルカリ性）

1. 箱根湯本の須雲川沿いに建つ
2. 客室は洋室タイプで和モダンな空間
3. 全室に完備の露天風呂

1. 露天風呂と内湯の大浴場は深い森に包まれ、まさに森林入浴
2. 外観、内装のすべてが匠の技による木の造りで統一される

森にたたずむ純和風旅館 木肌の空間でくつろぎの時を

強羅花扇 円かの杜
ごうらはなおうぎ まどかのもり

強羅 **MAP** 付録P.8 A-2

「円かの杜」の名に込められた思いは、"人の縁を紡ぐ特別な場所"。畳敷きの回廊、飛騨の匠による優美な家具を配した客室、全室に備わる露天風呂と眺望など、すべてに特別感が漂う。源泉を2つ持ち、客室と大浴場で泉質が異なるのも楽しみ。大切な人と上質な時間を過ごしたい癒やしの宿だ。

HOTEL DATA

☎0460-82-4100
所箱根町強羅1320-862 交箱根登山ケーブルカー・上強羅駅から徒歩7分（強羅駅・早雲山駅から送迎あり）P11台
in15:00～18:00 out11:00 客20室
予約1泊2食付スイート6万9150円～、デラックス5万6150円～、スタンダード4万1150円～

温泉 DATA

風呂数 露天風呂:6、内湯:2、貸切風呂:0 ※全客室に露天風呂完備
泉質 ①ナトリウム-塩化物・硫酸塩・炭酸水素塩泉②ナトリウム-塩化物泉

ユニークなコンセプトに注目

全室露天風呂付き ブックホテル

箱根本箱
はこねほんばこ

強羅 **MAP** 付録P.8 B-1

「本のある暮らし」を提案するブックホテルで、館内に展示された本はどれも購入することができる。ローカルガストロノミーを提案するレストランでは、自然派イタリアンが堪能できる。

HOTEL DATA

☎0460-83-8025
所箱根町強羅1320-491
交箱根登山鉄道・中強羅駅から徒歩4分 P17台
in15:00 out11:00 客18室
予約1泊2食付1万9688円～（税別）

1. 館内全体を書斎と捉えたブックホテル
2. 大浴場では2つの泉質が楽しめる

温泉 DATA

風呂数 露天風呂:2、内湯:3、貸切風呂:0 ※全客室に露天風呂完備
泉質 塩化物泉、硫黄泉

足を延ばして

小田原と
御殿場の
人気スポットへ

◆

桜の名所でもある小田原城、
買い物好きにはたまらない
ショッピングスポット
「御殿場プレミアム・アウトレット」、
小田原名物かまぼこが堪能できる
「鈴廣 かまぼこの里」など、箱根の旅に
プラス半日あれば十分に楽しめる。

小田原
おだわら

城下町、宿場町、そして港町として歴史を刻んできた街。小田原観光に、シンボルの小田原城天守閣と、名産のかまぼこは絶対にはずせない。

街歩きのポイント

小田原城天守閣からの眺めを堪能したら、NINJA館やSAMURAI館で小田原の歴史にふれてみよう

昔ながらの味を提供する老舗店で、小田原らしいおみやげをゲット

⤴城の主要部分に石垣を用いた、総石垣造りの城としても有名だ

はるかなる時を越え今に蘇った

小田原城
おだわらじょう

MAP 本書P.3 F-2

桜の名所100選に選ばれた
小田原市のシンボル

東海道新幹線で小田原駅を過ぎたあたり、車窓に見える白い城が小田原城だ。豊臣秀吉の小田原攻めの舞台となり、江戸時代には江戸の西を守る城として栄えた。明治3年（1870）に廃城されたが、昭和35年（1960）には天守閣を復興。現在は小田原城や小田原北条氏についての資料、甲冑・古文書などを展示しており、最上階からは相模湾が一望できる。

小田原城址公園
おだわらじょうしこうえん

MAP 本書P.3 F-2

☎0465-23-1373（小田原城総合管理事務所）⋔小田原市城内 休無休 料無料 ❖JR／小田急・小田原駅から徒歩10分 ℗なし

小田原城の歴史

**箱根の関所を控えた
関東地方の防御の要**

戦国大名・小田原北条氏の居城となり、豊臣秀吉の来攻に備えて広大な総構を築いたが、天正18年（1590）の小田原攻めにより開城した。明治3年（1870）に廃城となり、大正12年（1923）の関東大震災でも被害を受けたが、今では国の史跡に指定され、四季折々の花々とともに美しい姿を見せる。

⤴小田原城を支配下とした北条早雲像。小田原駅の西口に立つ

注目ポイント

⤴常盤木橋を見上げるように咲く花菖蒲。気品のある淡い紫色が美しい

季節の花を楽しむ

一年を通してさまざまな花が咲き誇る小田原城。3～4月には桜まつりが行われる。6月に花開くのは花菖蒲。東堀にある花菖蒲園ではアジサイと花菖蒲を同時に楽しむことができる。11月の菊花展は秋の風物詩のひとつ。

天守閣
てんしゅかく

小田原城や小田原北条氏の歴史を紹介。最上階は展望デッキになっている。

☎0465-22-3818 営9:00〜17:00(最終入場16:30) 料510円、小・中学生200円 休12月の第2水曜

常盤木門
ときわぎもん

小田原城本丸の正門。多聞櫓と渡櫓門を配する、大きく堅固な門だ。

↑小田原城で最も堅固な造り

↑内部では歴史資料の展示や小田原ゆかりの美術工芸の紹介も

北入口

小田原城

天守閣　本丸茶屋　花菖蒲園
二の丸広場
本丸広場
常盤木門
こども遊園地
常盤木門
SAMURAI館
NINJA館
(歴史見聞館)
報徳二宮神社
銅門
正面入口
馬出門
登城ルート
南入口

常盤木門 SAMURAI 館
ときわぎもんサムライかん

常盤木門櫓門2階部分では、甲冑や刀剣などの優品を展示しているほか、プロジェクションマッピング「花伐つ鎧」などを鑑賞できる。

☎0465-22-3818(天守閣) 営9:00〜17:00(最終入場16:30) 料200円、小・中学生60円

↑SAMURAI館で、武士の世界にふれられる
↑甲冑や刀剣などの武具に特化した展示を行っている

NINJA館（歴史見聞館）
ニンジャかん（れきけんぶんかん）

映像や展示で小田原の忍者・風魔党について学べる施設。デジタル技術を駆使した参加・体験型の展示で、大人も子どもも楽しく遊べる。

☎0465-22-3818(天守閣) 営9:00〜17:00(最終入館16:30) 料310円、小・中学生100円

銅門
あかがねもん

二の丸の正門にあたる門。名前の由来となった銅板の装飾がポイント。

↑平成9年（1997）に復元

馬出門
うまだしもん

三の丸から二の丸へいたる位置に設けられた枡形形式の門

↑どっしりとした門構え

昔から変わらない老舗の味。
おみやげにも喜ばれるものばかり。

「ういろう」の原点は小田原にあり

ういろう

MAP 本書P.3 F-2

始まりは室町時代に外郎家が考案した米粉の蒸菓子。家名より「ういろう」と呼ばれ、各地に広まった。本家本元は、もっちりとした食感とほのかな甘さが特徴。「かながわの名産100選」にも選ばれている。

☎0465-24-0560 所小田原市本町1-13-17 営10:00〜17:00 休水曜、第3木曜 交JR／小田急・小田原駅から徒歩15分 Ｐ15台

↑お菓子のういろう 各756円〜。白砂糖、抹茶、小豆、黒砂糖、栗の全5種類ある

伝統の小田原かまぼこにこだわる

小田原 籠清 本店
おだわら かごせい ほんてん

MAP 本書P.3 F-2

文化11年（1814）創業。高級かまぼこの原料の代名詞、グチを100%使用している。職人の手技が際立つ美しい扇形の「鳳凰」、直火で焼いて蒸し上げた「角焼」が籠清の看板商品。

☎0465-23-4530 所小田原市本町3-5-13 営9:00〜17:00 休無休 交JR／小田急・小田原駅から徒歩15分 Ｐあり

↑2020年全国蒲鉾品評会農林水産大臣賞を受賞した「鳳凰」2本入り1万314円

贈答用にも最適な極上梅干し

ちん里う本店
ちんりうほんてん

MAP 本書P.3 F-2

明治4年（1871）創業の梅専門店。小田原の曽我梅林を代表する銘梅「十郎」を使った梅干しや梅酒のほか、梅を使用した焼き菓子などおみやげに最適な品が揃う。

☎0465-22-4951 所小田原市栄町1-2-1 営9:30〜17:30 休無休 交JR／小田急・小田原駅からすぐ Ｐなし

↑「十郎」を使用した昔ながらの梅干しで1粒ずつ販売している「梅一輪」

とっておきグルメスポット

城下町として発展した小田原には、伝統を受け継ぐ老舗店が多く、貴重な食材も豊富。
地元の食材を生かした魅力あふれるグルメに出会えること間違いなし!

↑鈴なり市場では、各種おみやげが豊富に揃う

鈴廣 かまぼこの里
すずひろ かまぼこのさと
MAP 付録P.3 F-2

かまぼこを知って食べて持ち帰りたい
イベントや新商品も要チェック

慶応元年(1865)に創業したかまぼこの老舗、鈴廣による複合施設。かまぼこやちくわ作りを体験できる博物館や、かまぼこ、干物など鈴廣の全商品が並ぶショップ、小田原の海山の幸を堪能できるレストランなどがある。

☎0120-07-4547　㊤小田原市風祭245　㊤無休(臨時休館の場合あり)　㊤箱根登山鉄道・風祭駅直結　㊤あり

鈴廣 かまぼこの里

職人さんと一緒に
かまぼこを作ろう
かまぼこ博物館
かまぼこはくぶつかん
MAP 付録P.3 F-2

かまぼこの歴史や素材、栄養などを学べる博物館。体験教室があるほか、タッチパネルで遊びながらかまぼこの秘密に迫るコーナー、かまぼこ板を使ったアート作品の展示もある。3階ではあげかま体験もできる。

☎0120-07-4547　㊅9:00～17:00

↑国道1号に面しており、車のアクセスも抜群

↑職人の伝統技を間近で見学できるコーナーも

↑かまぼこ作り体験。職人がていねいに教えてくれる(要予約)

小田原宿の賑わいを
イメージしたショップ
鈴なり市場
すずなりいちば
MAP 付録P.3 F-2

かまぼこを中心に約200種の小田原箱根みやげが揃う。自分で描いたイラストやメッセージをかまぼこにプリントしてくれる「プリかま」(プリント代432円)は、オリジナルのおみやげとして人気が高い。

☎0120-07-4547　㊅9:00～18:00 ※営業時間は変更になる場合あり

↑「海山のおーどぶる」全6種1本756円

↑地産の果物を中心に使ったスイーツを提供するカフェも(左)。かまぼこバーで3種を食べ比べ(右)

木材を生かした
日本の伝統建築も見どころ
名水甘味「且座」
めいすいかんみ「しゃざ」
MAP 付録P.3 F-2

箱根富士丹沢連山に100年以上もの歳月をかけ濾過された名水「箱根百年水」を使用した甘味や食事が楽しめる。

☎0120-07-4547　㊅10:00～17:00(LO16:00)

↑お庭の紅葉と苔をイメージした「お庭の苔パフェ」。箱根百年水を使用した水ゼリーやあんみつなどが用意されている

小田原早川漁村

おだわらはやかわぎょそん

MAP 本書P.3 F-2

新鮮で安くておいしい魚介を楽しむ漁港グルメのテーマパーク

小田原漁港で獲れたての魚介類を味わえるお店。魚屋直営で、店内は浜焼きバーベキューの「あぶりや」、豪快な海鮮丼の「海舟」、小物から干物まで買えるみやげ処など3店舗に分かれている。

☎0465-24-7800 住小田原市早川1-9-6
営10:00～21:00 休無休 交JR早川駅から徒歩5分 Pあり（小田原漁港の駐車場利用）

↑「あぶりや」での80分食べ放題コース3980円

→小田原漁港の目の前というロケーション。魚介類の鮮度にとことんこだわる

↑かつおサラミは特に人気の逸品

↑小田原名物や雑貨を買える「かねよし」

一夜城Yoroizuka Farm

いちやじょうヨロイヅカ ファーム

MAP 付録P.3 F-3

地産地消を目指して大自然のなかに造られたファーム

人気パティシエ鎧塚俊彦氏の店。レストラン、パティスリー、ブーランジェリー、マルシェが1つになった珍しい形態のスポットだ。小田原ならではの材料を使用したファーム限定のスイーツはぜひ手に入れたい。

☎0465-24-3150 住小田原市早川1352-110
営10:00～17:00 ※カフェタイム10:00～10:50
(LO10:30) 15:00～17:00(LO16:00)。
ランチ1部11:15～、2部13:30～。マルシェ10:00～17:00 休火・水曜 交箱根登山鉄道・箱根板橋駅からタクシーで8分 P50台

↑フランボワーズのジュレがアクセント／早川レモンタルト

↑広大な敷地内には柑橘類やブルーベリー、野菜などが植えられている

↑チョコレートムースの中にピスタチオのクレムブリュレ／ジャン・ピエール

→高台にあるのでテラス席からの眺めも格別だ

アクティブな一日を過ごしたい

御殿場 ごてんば

街歩きのポイント
大型のレジャースポットで一日過ごすスタイルがおすすめ

都心から離れてレジャーを楽しむのにほどよい距離感が魅力。ショッピングやスポーツ、温泉などリフレッシュするには最適の施設が目白押しだ。

↑広大な敷地に、宿泊、温泉、グルメなどさまざまな施設が点在する

湯・食・遊と魅力が詰まった

御殿場高原 時之栖
ごてんばこうげん ときのすみか

MAP 本書P.2A-2
☎0550-87-3700　所御殿場市神山719　料施設により異なる　休無休　交JR岩波駅から車で5分　P2000台

大自然に癒やされ、リフレッシュ
1泊2日では物足りない高原リゾート

9万8000坪という広大な敷地内にホテルや温泉、アクティビティ施設などが集まった高原レジャー施設。ホテルタイプとロッジタイプがあり、アウトドアを楽しめる宿泊施設や、種類豊富なレストラン、体をめいっぱい動かせるアクティビティ施設などがある。美術館や自然を散策するのもおすすめだ。イルミネーションをはじめ季節ごとのイベントなども要チェック。

源泉 茶目湯殿
げんせん ちゃめゆどの
MAP 本書P.2A-2

18歳以上だけが楽しめる
極上の癒やし空間

大人のための静かな温泉。露天風呂の天空の湯は富士山を見ながらお湯を楽しめる最高の空間だ。旬膳処 茶目は築200年の豪商の町家を移築した食事処。旬の食材をふんだんに使った料理がいただける。

☎0550-87-6426　営10:00～21:00(受付は～20:00)
休不定休　料1日券 平日2000円、土・日曜、祝日2500円
(8月11～16日は休日料金)
※18歳以上のみ入館可

↑広々とした大浴場。外には炭酸水の露天風呂がある

↑富士山を一望できる天空の湯。壮大な景色と爽やかな風で気分爽快

↑休憩室の菜根譚

御殿場高原ビール
ごてんばこうげんビール
MAP 本書P.2A-2

オリジナルの地ビールと
おいしい料理を楽しむ

富士山の湧き水とドイツの技術が生んだオリジナル地ビール、御殿場高原ビールが楽しめる、GKBカフェなど4つのレストランが集合。御殿場コシヒカリラガーを含む5種類のクラフトビールが味わえる。

☎0550-87-5500　営休店舗により異なる

↑地ビールの飲み放題も付くバイキングレストラン麦畑

↓オープンキッチンで焼くスペアリブが人気のグランテーブル

⤴ カジュアルファッションだけでなく、一流ブランドや雑貨などショップの種類も充実している

⤴ 新エリア「ヒルサイド」には約90店舗が集結

⤴ ミニ遊園地は富士山も眺められる開放的な場所にある

日本最大のアウトレットで買い物三昧

御殿場プレミアム・アウトレット
ごてんばプレミアム・アウトレット

国内最大の規模を誇る
プレミアム・アウトレットフラッグシップ

富士山を望む国内最大のアウトレット。2020年に新エリア「ヒルサイド」が登場し、ウエストゾーン、イーストゾーンの店舗と合わせて約290店舗に。メリーゴーラウンドなどのミニ遊園地に加え、日帰り温泉や宿泊施設も併設し、買い物、食事、遊びが楽しめる一大ショッピングリゾートだ。

MAP 本書P.2 B-1

☎0550-81-3122（自動応答） 所御殿場市深沢1312
⏰10:00～20:00（12～2月は～19:00、季節により変動あり）
休2月第3木曜 交JR御殿場駅から無料シャトルバスで15分
P7000台

買い物のポイント

アプリでお得に
セールなどのお得なお知らせはもちろん、QR支払い「PO PAY」でポイントもたまる「プレミアム・アウトレット アプリ」が便利。

バーゲンの時期をチェック
例年1月・8月に大きなバーゲンが行われる（一部店舗を除く）。割引率も高い、お得なチャンスを逃さないようにしたい。

洋服の直しは早めに出す
お直しの専門店「ママのリフォーム」は2カ所。混雑時は仕上がりに時間がかかるので、早めに頼むのが正解。

各地から直行バスが運行
東京駅・新宿駅・品川駅・池袋駅のほか、町田駅・立川駅・横浜駅・日吉駅・たまプラーザ駅など各地から発着している直行バスが便利。

御殿場プレミアム・アウトレット

ウエストゾーン
イーストゾーン
夢の大橋
希望の大橋
ヒルサイドブリッジ
ヒルサイド

■ 物販店
■ 飲食店（食物販店含む）
ⓘ インフォメーションセンター
ATM ATM
WC トイレ
Ⓜ お直し（ママのリフォーム）
⊠ 宅配便（国内便のみ）

H HOTEL CLAD
★ 木の花の湯

木の花の湯
このはなのゆ

⤴ 露天風呂には立湯と展望風呂がある

MAP 本書P.2 B-1

富士山ビューが楽しめる
日帰り温泉施設

御殿場プレミアム・アウトレット内にあり、自家源泉の良質な温泉が富士山の絶景とともに楽しめる。大浴場のほかに19室の貸切露天風呂や和モダンのレストラン、休憩室、ライブラリーなど施設も充実している。

☎0550-81-0330
所御殿場市深沢2839-1
⏰10:30～22:00（受付は～21:00）
休メンテナンスによる休館あり
料1700円（土・日曜、祝日2100円）
交JR御殿場駅から無料シャトルバスで15分、無料循環バスで5分
P320台

159

箱根へのアクセス

新宿から小田急ロマンスカーで約90分と、電車でのアクセスはたいへん便利。ロープウェイや観光船など多彩な乗り物を堪能するなら電車がおすすめ。車利用なら芦ノ湖スカイラインのドライブが楽しめる。

電車・バスでのアクセス

アクセス良好、渋滞知らずの電車が便利

箱根観光の拠点は箱根湯本駅。新宿駅から小田急ロマンスカーを利用すれば乗り換えなしで約90分で到着する。東京駅からはJR東海道新幹線またはJR東海道線で小田原駅へ。名古屋方面からもJR東海道新幹線で小田原駅にアクセスする。仙石原や芦ノ湖周辺に直行するなら、高速バスを利用すると楽。新宿駅、羽田空港から発着しており、所要時間は2時間〜2時間40分ほど。小田原駅、熱海駅、三島駅、御殿場駅などから路線バスでアクセスすることもできる。

鉄道・バスアクセス図

主要駅からのアクセス

北千住駅 — 小田急ロマンスカー[メトロはこね] 2時間10分／2880円 — 箱根湯本駅

新宿駅 — 小田急ロマンスカー[はこね][スーパーはこね] 1時間30分／2470円 — 箱根湯本駅

新宿駅 — JR湘南新宿ライン快速 1時間25分／1520円 — 小田原駅

東京駅 — JR東海道新幹線[こだま] 35分／3280円（自由席） — 小田原駅

東京駅 — JR東海道線 特急踊り子 1時間／2540円（指定席） — 小田原駅

東京駅 — JR東海道線 普通 1時間20分／1520円 — 小田原駅

名古屋駅 — JR東海道新幹線[ひかり] 1時間10分／8570円（自由席） — 小田原駅

小田原駅 — 箱根登山鉄道 15分／360円 — 箱根湯本駅

小田原駅 — 箱根登山バス・伊豆箱根バス 15〜20分／420円 — 箱根湯本駅

※所要時間はおおよその目安表記
※料金は通常期の片道料金を掲載、夏休みや年末年始などの繁忙期は料金が異なる場合あり

車でのアクセス

東名高速道路から箱根エリアへ

東名高速道路厚木ICから小田原厚木道路を経由して国道1号に入るのが一般的なルート。ドライブ目的ならアネスト岩田ターンパイク箱根を通る迂回ルートも楽しい。名古屋方面からは東名高速道路御殿場ICから仙石原にアクセスする。

主要ICからのアクセス

■東名高速道路料金表　□普通車通常料金（円）　□距離（km）

7320	4020	3490	3130	2890	2620	1920	1710	1300	800	600	370	東京
7140	3820	3300	2900	2650	2370	1670	1460	1050	520	350	東名川崎	7.6
7010	3680	3150	2720	2460	2190	1490	1280	870	370	横浜青葉	5.7	13.3
6860	3520	2990	2510	2250	1980	1280	1070	660	横浜町田	6.4	12.1	19.7
6500	3130	2510	2010	1760	1480	780	570	厚木	15.3	21.7	27.4	35.0
6220	2810	2100	1600	1350	1070	370	秦野中井	15.1	30.4	36.8	42.5	50.1
6070	2600	1890	1390	1140	860	大井松田	7.8	22.9	38.2	44.6	50.3	57.9
5580	1900	1190	700	440	御殿場	25.8	33.6	48.7	64.0	70.4	76.1	83.7
5490	1630	910	420	裾野	10.1	35.9	43.7	58.8	74.1	80.5	86.2	93.8
5310	1370	660	沼津	9.5	19.6	45.4	53.2	68.3	83.6	90.0	95.7	103.3
4970	880	富士	18.2	27.7	37.8	63.6	71.4	86.5	101.8	108.2	113.9	121.5
4490	清水	26.3	44.5	54.0	64.1	89.9	97.7	112.8	128.1	134.5	140.2	147.8
名古屋	177.7	204.0	222.2	231.7	241.8	267.6	275.4	290.5	305.8	312.2	317.9	325.5

■有料道路料金表

有料道路名	距離	料金
小田原厚木道路（厚木西IC〜小田原西IC）	30.8km	740円
西湘バイパス（西湘二宮IC〜箱根口IC）	14.5km	270円
アネスト岩田ターンパイク箱根（箱根小田原本線）	13.8km	730円
アネスト岩田ターンパイク箱根（箱根伊豆連絡線）	1.7km	150円
芦ノ湖スカイライン（箱根峠〜湖尻水門）	10.7km	900円
箱根スカイライン（湖尻峠〜長尾峠）	5.0km	360円

さまざまな移動手段があるので目的に応じてプランを立てよう

箱根の交通

乗り物の種類が充実しているのが箱根の特徴。移動の手段としての利用価値ももちろんあるが、芦ノ湖の湖上から眺める景色、ロープウェイから見下ろす噴煙地など、乗ることで味わえる感動も大きい。

箱根登山電車 ➡P.66

箱根交通の要、急斜面を上る登山鉄道

小田原駅から箱根湯本駅を経由して強羅駅まで、標高差527mの斜面を、途中スイッチバックを繰り返しながら上る登山電車。沿線にはアジサイが多数植えられ、6月中旬～7月上旬には、見頃を迎えるアジサイが車窓から楽しめる。あじさい電車として親しまれ、夜間のライトアップは幻想的だ。

路線バス

箱根全域をカバーする路線網

● 箱根登山バス

小田原・箱根湯本から、元箱根港・箱根町港・桃源台・仙石原方面へ運行、箱根のほぼ全域を網羅している路線バス。前方のドアから乗り降りし、運賃は後払い。PASMO、Suicaなどの交通系ICカードも利用可能。周遊券やフリーパスを利用するときは整理券を取らず、券面を運転士に見せて乗り降りする。「箱根フリーバス」を利用すると便利。

● 観光施設めぐりバス

レトロモダンな車両のバス「スカイライト」が強羅・仙石原の観光スポットを巡り、御殿場プレミアム・アウトレットまで運行している。仙石原の美術館めぐりに便利な路線。天窓からの景色も楽しめる。
沿線の観光スポット：彫刻の森美術館、箱根ガラスの森美術館、箱根美術館、ポーラ美術館、箱根ラリック美術館、箱根小涌園ユネッサン、箱根湿生花園、箱根強羅公園、御殿場プレミアム・アウトレット

● 伊豆箱根バス

箱根湯本から元箱根・箱根町・湖尻方面へのルートがあり、箱根園にアクセスできるのはこちらの路線バス。
●箱根 ワンデーバスフリー＆ツーデーバスフリー
料金：2000円（ワンデー）、2500円（ツーデー）
有効期限：1日（ワンデー）、2日（ツーデー）
乗り放題範囲：伊豆箱根バス指定区間内

その他の乗り物

車窓の景色も堪能したいさまざまな乗り物

● 箱根登山ケーブルカー ➡P.67

強羅駅から早雲山駅まで、標高差209mもある斜面を約10分で結ぶ。1.2kmと歩ける距離だが、勾配がかなりきつい。
強羅駅～早雲山駅　10分／片道430円

● 箱根ロープウェイ ➡P.68

早雲山から芦の湖畔の桃源台まで、18人乗りのゴンドラが45分で結ぶ。大涌谷の壮大な風景が見渡せる。
早雲山～大涌谷（乗り換え）～姥子～桃源台　45分／片道1500円

● 箱根 駒ヶ岳ロープウェー ➡P.55

標高1356mの駒ヶ岳山頂まで上る101人乗りのゴンドラは、20分間隔で運行。山頂からのパノラマが素晴らしい。
箱根園～駒ヶ岳頂上　7分／往復1800円

● 箱根海賊船 ➡P.50

17～18世紀の帆船型戦艦を模したデザインが人気の観光船。
桃源台港～箱根町港・元箱根港　25～35分／片道1200円

● 箱根 芦ノ湖遊覧船 ➡P.51

揺れが少ない双胴船で安定感があるのが特徴。
箱根関所跡港～元箱根港～箱根園港　40分／往復1480円

箱根観光にお得なフリーきっぷ

●箱根フリーパス
有効期限と料金：2日間有効6100円 、3日間有効6500円（ともに新宿発）　乗り放題範囲：小田急線の往復（ロマンスカー料金は除く）に加え、箱根登山電車、箱根登山ケーブルカー、箱根ロープウェイ、箱根海賊船のほか、箱根登山バス（指定区間）、観光施設めぐりバスなど　発売場所：小田急線各駅、箱根登山電車の主な駅、小田急トラベル店舗など
●箱根旅助け
料金：3900円　有効期限：2日間　乗り放題範囲：伊豆箱根バス（指定区間内）、箱根十国峠ケーブルカー、箱根 芦ノ湖遊覧船、および箱根 駒ヶ岳ロープウェーまたは箱根園水族館（1回）の料金が含まれる　発売場所：元箱根案内所、箱根園案内所、小田原駅前・熱海駅前各案内所など

INDEX

STAFF

編集制作 Editors
(株)K&Bパブリッシャーズ

取材・執筆・撮影 Writers & Photographers
高橋靖乃　成沢拓司　忍章子
安田真樹　雪岡直樹　岩下宗利(I&M)

執筆協力 Writers
内野究　重松久美子　嶋嵜圭子　永田さち子
森合紀子　加藤由佳子　藤田佳鶴子　遠藤優子

編集協力 Editors
(株)ジェオ

本文・表紙デザイン Cover & Editorial Design
(株)K&Bパブリッシャーズ

表紙写真 Cover Photo
PIXTA

地図制作 Maps
トラベラ・ドットネット(株)
DIG.Factory
フロマージュ

写真協力 Photographs
関係各市町村観光課・観光協会
関係諸施設
PIXTA

総合プロデューサー Total Producer
河村季里

TAC出版担当 Producer
君塚太

TAC出版海外版権担当 Copyright Export
野崎博和

エグゼクティヴ・プロデューサー
Executive Producer
猪野樹

おとな旅 プレミアム
箱根　第4版

2024年2月5日　初版　第1刷発行

著　者　TAC出版編集部（しゅっぱんへんしゅうぶ）
発行者　多田敏男
発行所　TAC株式会社　出版事業部
　　　　　　（TAC出版）

〒101-8383 東京都千代田区神田三崎町3-2-18
電話　03(5276)9492(営業)
FAX　03(5276)9674
https://shuppan.tac-school.co.jp

印　刷　株式会社　光邦
製　本　東京美術紙工協業組合

©TAC 2024　Printed in Japan　ISBN978-4-300-10971-7
N.D.C.291　　　　　　　落丁・乱丁本はお取り替えいたします。

本書に掲載した地図の作成に当たっては，国土地理院発行の数値地図(国土基本情報)電子国土基本図(地図情報)，数値地図 (国土基本情報)電子国土基本図(地名情報)及び数値地図(国土基本情報20万)を調整しました。

おとな旅プレミアム 刊行予定
情報更新した最新刊が続々刊行

各定価 1,000円(税別)

関西

1. **京都** '24年2月末刊
2. **奈良** 大和路
3. **大阪** '24年2月末刊
4. **神戸**
5. **南紀・熊野古道** 白浜・高野山・伊勢神宮

中国・四国

1. **出雲・松江** 石見銀山・境港・鳥取
2. **宮島・広島** 尾道・倉敷
3. **萩・津和野** 下関・門司 '24年2月末刊
4. **四国**

九州・沖縄

1. **福岡** 太宰府・門司・柳川・唐津
2. **長崎** ハウステンボス・五島列島
3. **鹿児島・宮崎** 熊本・屋久島・高千穂 '24年2月末刊
4. **沖縄** '24年3月末刊
5. **石垣・竹富・西表・宮古島** '24年3月末刊

〈北海道・東北〉〈関東〉〈中部〉

おとな旅プレミアム 箱根